GOTTFRIED WILHELM LEIBNIZ

Monadologie

NEU ÜBERSETZT, EINGELEITET
UND ERLÄUTERT VON
HERMANN GLOCKNER

PHILIPP RECLAM JUN. STUTTGART

Universal-Bibliothek Nr. 7853
Alle Rechte vorbehalten
© 1954 Philipp Reclam jun. GmbH & Co., Stuttgart
Durchgesehene und erweiterte Ausgabe 1979
Gesamtherstellung: Reclam, Ditzingen. Printed in Germany 1990
RECLAM und UNIVERSAL-BIBLIOTHEK sind eingetragene
Warenzeichen der Philipp Reclam jun. GmbH & Co., Stuttgart
ISBN 3-15-007853-9

Einleitung

Man hat sich daran gewöhnt, die glänzendste Periode der deutschen Philosophie als eine in sich geschlossene Bewegung zu betrachten, welche mit der epochemachenden kritischen Tat Kants beginnt und mit der enzyklopädischen Systemleistung Hegels endet. Vieles spricht für die Richtigkeit dieser Auffassung. Aber Kant war nicht nur der bahnbrechende Neuerer auf dem Gebiete der Erkenntnistheorie. Das gesamte Problem-Erbe des 17. und 18. Jahrhunderts blieb in ihm lebendig, und wenn Fichte, Schelling und Hegel ihre Systemgebäude auch auf dem neuen Kantischen Fundamente aufrichteten, so griffen sie dabei doch allenthalben auf die Grundlagen einer Metaphysik zurück, die von dem »Alleszermalmer« keineswegs erledigt, sondern nur heilsam erschüttert worden war. In Leibniz hatte diese Metaphysik ihren unbestreitbar größten Meister und erleuchtetsten Bekenner gefunden.

In der trost- und hoffnungsarmen Zeit nach dem Dreißigjährigen Kriege war es Leibniz (geb. 1. Juli 1646 in Leipzig, gest. 14. September 1716 in Hannover) in einzigartig-konzentrierter Gedankenarbeit gelungen: die tiefsten Erkenntnisse der griechischen und mittelalterlichen Philosophie mit den Forderungen der auf Mathematik und Erfahrung gegründeten neuen Wissenschaft eines Kopernikus, Kepler und Galilei in Einklang zu bringen – und in dieser umfassenden *europäischen* Synthese zugleich die charakteristischen Züge einer eigentümlich *deutschen* Weltanschauung zu bewahren und weiterzuentwickeln, wie sie sich bereits in den Werken eines Nikolaus von Kues und Jakob Böhme abgezeichnet hatte. Seine Leistung ist so gewaltig, daß sie aus der Geschichte des menschlichen Geistes nicht hinweggedacht werden kann. Kants philosophischer Neuansatz wäre ohne Leibniz nicht möglich gewesen; Herder und Schiller gingen, jeder auf seine Weise, bewußt auf Leibniz zurück; Goethe bekannte sich zu dem dynamischen Aktivismus seines En-

telechiebegriffs; selbst Hegel vollendete im Grunde nur, was
Leibniz entworfen hatte, vermochte aber dabei nicht allen
Forderungen seines Vorgängers gerecht zu werden, weil er
in den selbstgeschmiedeten Fesseln der dialektischen Methode gefangen blieb. So kam es, daß Leibniz auch in der
nachhegelschen Philosophie noch immer weiterwirkte, Pro-
blemstoff lieferte und gangbare Wege zur Erreichung letzter Ziele zeigte: Herbart und Trendelenburg, Lotze und
Fechner, zuletzt Wilhelm Wundt gingen auf seinen Spu-
ren.

Einer der einflußreichsten Denker des 19. Jahrhunderts allerdings scheint sich ganz von Leibniz abgekehrt zu haben:
Schopenhauer. Aber der Gegensatz ist nur ein relativer.
Sowohl in der Fragestellung wie in ihren wichtigsten Grund-
anschauungen gehören Leibniz und Schopenhauer durchaus
zusammen. Sehr zu Unrecht hat man Leibniz bisweilen als
einseitigen Intellektualisten bezeichnet; er ist ebenso Volun-
tarist; denn Perzeption (Denken und Anschauen = Vorstellung) *und* Appetition (= Wollen) machen das Wesen
seiner Monaden aus. Und wenn Schopenhauer auch die
Grundfrage der Theodizee als Pessimist in einem Leibniz
entgegengesetzten Sinne beantwortete, so bewies er doch
immerhin durch die Wiederaufnahme dieser Frage, daß die
nachhegelsche Philosophie in der Tat allenthalben zu den
Problemstellungen von Leibniz zurückkehrte.

Die im letzten Drittel des 19. Jahrhunderts einsetzende Neu-
belebung des kantischen Kritizismus führte nur vorüber-
gehend und auf Grund eines Mißverständnisses zur radi-
kalen Ablehnung jeder Metaphysik. Bald entdeckte man:
Kant verstehen, heißt über ihn hinausgehen, da er ja selbst
keineswegs die propädeutische Denkarbeit seiner Vernunft-
kritik schon für das System der Philosophie zu halten ge-
willt war. Wer jedoch im Sinne Kants über Kant hinaus-
schritt, geriet nicht nur auf die Wege Fichtes, Schellings
und Hegels, sondern trat ebendamit auch wieder in den
noch umfassenderen Problemkreis von Leibniz ein.

Das erste Werk, welches auf diese Weise von den zugleich

in der Richtung auf Hegel wie auf Leibniz hin Ausschau haltenden Neukantianern aufgenommen und neu durchforscht wurde, waren die 1703 bis 1704 verfaßten, aber erst 1765 bekannt gewordenen *Neuen Versuche über den menschlichen Verstand* (*Nouveaux essais sur l'entendement humain*), in denen sich der Metaphysiker Leibniz mit dem kritischen Empirismus Lockes auseinandergesetzt und seine Erkenntnislehre vorgetragen hatte. Kant selbst war seinerzeit tief von dieser Schrift beeindruckt worden, und es ist begreiflich, daß eine vor allem auf Erkenntnistheorie eingestellte Denkergeneration in ihr das Hauptwerk und die wichtigste Quelle für die Erkenntnis der Leibnizschen Philosophie erblickte. Heute jedoch dürfte das Urteil etwas anders lauten. Ohne den Wert und die Bedeutung der *Neuen Versuche* auch nur im geringsten herabsetzen zu wollen, müssen wir doch feststellen, daß Leibniz seine fundamentalen Grundgedanken hier in eine Form kleidete, welche ihm durch die Fragestellungen Lockes und durch die fortlaufende Anlehnung an Inhalt und Aufbau des *Essay concerning human understanding* einigermaßen aufgezwungen worden war. Eine durchaus in sich selbst gegründete, von Auseinandersetzungen mit anderen Denkern so gut wie unbeschwerte, konzentrierte Gesamtdarstellung seiner Philosophie hat Leibniz nur in dem abschließenden System-Entwurf gegeben, der unter dem Titel *Monadologie* auf uns kam.

Auch die *Monadologie* wurde von Leibniz nicht selbst veröffentlicht. Er dachte sich die im Jahre 1714 in französischer Sprache abgefaßte Niederschrift als Einführung und Ergänzung zu seiner 1710 im Druck erschienenen *Theodizee* (*Essais de théodizée sur la bonté de Dieu, la liberté de l'homme et l'origine du mal*), die den wesentlichsten Inhalt jenes umfangreichen Werks in gedrängter Form und übersichtlicher Anordnung zusammenfassen sollte. Die *Theodizee* war nämlich leider durch unzählige Einzeldiskussionen mit den verschiedensten älteren und neueren Philosophen und Theologen zu einem – trotz des streckenweise anmutigen allgemeinverständlichen Plaudertons – im Ganzen schwer lesbaren und kaum mehr zu überschauenden Buch angeschwollen, in welchem die tiefsten und persönlichsten Einsichten des Verfassers immer wieder von fremdem Gedankenstoff überwuchert und verdunkelt wurden.

Noch war die neue Arbeit nicht vollendet, als Leibniz in die Lage kam: dem Prinzen Eugen, der sich lebhaft für seine Philosophie interessierte, einen handgeschriebenen Sammelband jener Schriften zu überreichen, die vor allem zum genaueren Verständnis der *Theodizee* dienen konnten. Gewiß hätte er die *Monadologie* am liebsten an die Spitze dieser Abhandlungen gestellt, aber mit Rücksicht auf die Persönlichkeit und die besonderen Interessen des Prinzen empfahl sich eine Umgestaltung, die weniger philosophische Schulung erforderte und zu den (vier) anderen Aufsätzen besser als Eröffnungsschrift paßte. Leibniz gab ihr den Titel *Prinzipien der Natur und der Gnade, auf Vernunft gegründet (Principes de la nature et de la grâce, fondés en raison)*. Diese kürzere und weniger straff gebaute Abhandlung wurde 1718 in *L'Europe savante* veröffentlicht und später vielfach mit der *Monadologie* verwechselt. In Wahrheit ist jedoch unsere früher begonnene, mit der Neufassung etwa gleichzeitig vollendete *Monadologie* als das eigentliche philosophische Testament aufzufassen, welches Leibniz der Nachwelt hinterließ.

Der Titel *Monadologie* stammt nicht von Leibniz, sondern von dem Jenenser Naturrechtler Heinrich Köhler (1685 bis 1737), der das vom Verfasser ohne Überschrift gelassene französische Manuskript im Jahre 1720 in das pompös aufgebauschte Barockdeutsch seiner Zeit übertrug und in dieser Gestalt zum ersten Male herausgab.[1] Köhlers Übersetzung

1 Des Hn. Gottfried Wilh. von Leibnitz Lehr-Sätze über die Monadologie, ingleichen Von GOTT und seiner Existenz, seinen Eigenschafften und von der Seele des Menschen, wie auch Dessen letzte Vertheidigung seines Systematis Harmoniae praestabilitae wider die Einwürffe des Herrn Bayle. Franckfurth und Leipzig 1720.

zeugt von einem tieferen philosophischen Verständnis als die Mehrzahl der späteren Verdeutschungen; ich habe sie mit dem Original genau verglichen und verdanke ihr manchen wertvollen Wink.

Im Jahre 1721 erschien eine lateinische Übersetzung in den Leipziger *Acta eruditorum*. Sie wurde von einem Unbekannten angefertigt und hat auf die Neubearbeitung der Köhlerschen Ausgabe, die Caspar Jacob Huth 1740 unter dem (der Verwechslung mit den *Principes de la nature et de la grâce* Vorschub leistenden) Titel *Lehrsätze von den Monaden und von der schönen Übereinstimmung zwischen dem Reiche der Natur und dem Reiche der Gnade* herausgab, nicht eben glücklich eingewirkt.

Der französische Originaltext erschien erstmalig im Jahre 1840 in der von Johann Eduard Erdmann besorgten Gesamtausgabe von Leibniz' philosophischen Werken unter dem Titel *La Monadologie*. Nun wurde endlich klar, daß die *Prinzipien der Natur und der Gnade* eine von unserer Abhandlung verschiedene kürzere Parallel-Fassung darstellen.

In dem in Hannover aufbewahrten Leibniz-Nachlaß finden sich drei Handschriften: ein von dem Philosophen selbst geschriebener Entwurf und zwei von ihm revidierte Kopien. Diese Manuskripte wurden 1917 von Clara Strack, einer Schülerin Benno Erdmanns, kollationiert und mit den *Principes de la nature et de la grâce* zusammen philologisch-getreu herausgegeben. Die Entstehungsgeschichte der beiden Schriften war schon 1915 unter dem Titel *Ursprung und sachliches Verhältnis von Leibnizens sogenannter Monadologie und den Principes de la nature et de la grâce* als Berliner Dissertation erschienen. Wenn dabei vielleicht auch für die philosophische Interpretation des größten christlichen Metaphysikers seit Augustin nicht eben viel Neues herausgekommen sein mag, so war doch philologisch ein für allemal jede Unklarheit ausgeräumt und für die beiden wichtigsten Texte aus der letzten Lebenszeit des Leibniz eine solide Grundlage geschaffen. Als sich André Robinet nach Jahrzehnten um die Aufgabe der seinerzeit von Benno Erdmann veranlaßten kritischen Edition des Berliner Seminars erneut bemühte, konnte er die Arbeit seiner Vorgängerin durch die in einer Schriftenreihe der Sorbonne (Presses Universitaires de France, Paris 1954) erschienene Neuausgabe zwar durch interessante Beilagen ergänzen, aber in editorischer Hinsicht nicht verbessern.

An neueren deutschen Übersetzungen wurden mir folgende bekannt:

(1) Leibniz als Denker. Auswahl seiner kleineren Aufsätze zur übersichtlichen Darstellung seiner Philosophie. Von Gustav Schilling, Professor an der Universität Gießen. Leipzig 1846.

(2) Kleinere philosophische Schriften von G. W. Leibniz. Von Robert Habs. Leipzig 1883. (Reclams Universal-Bibliothek.) – Vor den »kritischen« Anmerkungen des Übersetzers ist zu warnen.

(3) G. W. Leibniz: Hauptschriften zur Grundlegung der Philosophie. Übersetzt von Artur Buchenau. Durchgesehen und mit Einleitungen und Erläuterungen herausgegeben von Ernst Cassirer. Zwei Bände. Leipzig 1903–06. – Diese Ausgabe ersetzte eine frühere, die J. H. v. Kirchmann 1879 in der von ihm begründeten Philosophischen Bibliothek herausgegeben hatte.

(4) G. W. Leibniz: Kleinere philosophische Schriften. Band 1: Die Monadologie. Von Walther Janell. Frankfurt a. M. 1925.

(5) Leibniz: Die Hauptwerke. Zusammengefaßt und übertragen von Gerhard Krüger. Mit Vorwort von Dietrich Mahnke. Leipzig 1933.

(6) G. W. Leibniz: Kleine Schriften zur Metaphysik. Opuscules metaphysiques. Herausgegeben und übersetzt von Hans Heinz Holz. Frankfurt a. M. 1965. – Der Text der *Monadologie* folgt der Ausgabe von C. I. Gerhardt (*Die philosophischen Schriften von G. W. Leibniz*, Bd. 6, Berlin 1885), die Übersetzung ist jedoch durchwegs an der Origi-

nalhandschrift des ersten Entwurfs und ihren Korrekturen orientiert.

Meine (im Jahre 1947 erstmalig erschienene) Arbeit ist aus Gießener und Braunschweiger Seminar-Übungen hervorgegangen, für die sich stets mehrere Teilnehmer ein vollständiges Faksimile des ganz eigenhändigen *Monadologie*-Autographs in Hannover ablichten ließen, wie ich selbst es längst besaß und dessen gemeinsame Lektüre nun die Grundlage meiner Interpretation bildete, deren Hauptergebnisse schließlich als Erläuterungen formuliert und bei Neuauflagen meiner Übersetzung stets überprüft, ergänzt und nach Möglichkeit verbessert wurden. Ich wollte damit den deutschen Liebhabern und Studierenden der Philosophie etwas Ähnliches bieten, wie man es in Frankreich an der kommentierten *Monadologie*-Ausgabe von Henri Lachelier (Librairie Hachette, Paris) seit Jahrzehnten besitzt.

Hermann Glockner

Monadologie

1. Die Monaden, von denen meine Schrift handeln wird, sind nichts weiter als einfache Substanzen, welche in dem Zusammengesetzten enthalten sind. Einfach heißt, was ohne Teile ist.[1]

2. Einfache Substanzen muß es geben, weil es Zusammengesetztes gibt; denn das Zusammengesetzte ist nichts anderes als eine Anhäufung oder ein Aggregat von Einfachem.

3. Nun ist aber da, wo es keine Teile gibt, weder Ausdehnung, noch Figur, noch Zerlegung möglich. Die Monaden, von denen ich spreche, sind also die wahren Atome der Natur und mit einem Worte die Elemente der Dinge.

4. Auch ist ihre Auflösung nicht zu fürchten und es ist undenkbar, daß eine einfache Substanz auf irgendeine natürliche Weise zugrundegehen könnte.[2]

5. Aus dem nämlichen Grunde ist es undenkbar, daß eine einfache Substanz auf irgendeine natürliche Weise beginnen könnte, da sie ja nicht durch Zusammensetzung gebildet zu werden vermag.

6. Man kann also sagen, daß die Monaden nur auf einen Schlag anfangen und aufhören können. Sie können nur anfangen durch Schöpfung und aufhören durch Vernichtung, während das Zusammengesetzte aus Teilen entsteht und in Teile vergeht.

7. Auch gibt es kein Mittel zu erklären, wie eine Monade durch irgendein anderes Geschöpf in ihrem Innern aufgeregt oder verändert werden könnte, da man in ihr nichts versetzen und auch keine innere Bewegung in ihr begreifen kann, die da drinnen veranlaßt, gesteuert, vermehrt oder vermindert werden könnte –, so wie es im Zusammengesetzten, wo eine Verände-

1 Vgl. *Theodizee*, Einleitung § 10.
2 Vgl. *Theodizee*, § 89.

rung unter den Teilen möglich ist, sehr wohl der Fall sein mag. Die Monaden haben keine Fenster, durch die etwas hinein- oder heraustreten kann. Die Akzidenzen können sich nicht von den Substanzen loslösen und außerhalb ihrer herumspazieren, wie es ehemals die species sensibiles der Scholastiker taten. Also kann weder Substanz noch Akzidenz von außen in eine Monade hineinkommen.

8. Indessen müssen die Monaden gewisse Qualitäten haben; andernfalls würden sie gar keine Wesen sein, die sind. Auch gäbe es, wenn die einfachen Substanzen sich nicht durch ihre Qualitäten unterscheiden würden, gar kein Mittel, irgendeine Veränderung in den Dingen zu bemerken, weil das, was im Zusammengesetzten vorkommt, nur von seinen einfachen Bestandteilen herrühren kann. Wenn nun die Monaden ohne Qualitäten wären, so würden sie nicht voneinander zu unterscheiden sein; denn quantitative Unterschiede gibt es bei ihnen ja ohnehin nicht. Folglich würde – unter der Voraussetzung, daß alles voll ist – jeder Ort bei der Bewegung immer nur das wieder ersetzt erhalten, was er soeben schon gehabt hatte, und der eine Zustand der Dinge würde vom anderen ununterscheidbar sein.

9. Es ist sogar notwendig, daß jede einzelne Monade von jeder anderen verschieden ist. Denn es gibt in der Natur niemals zwei Wesen, von welchen das eine vollkommen so ist wie das andere, und wo es nicht möglich wäre, einen inneren oder einen auf eine innere Bestimmung gegründeten Unterschied aufzufinden.

10. Ich nehme ferner als ausgemacht an, daß jedes geschaffene Wesen und folglich auch die geschaffene Monade der Veränderung unterworfen ist, ja daß diese Veränderung sogar stetig in einer jeden stattfindet.

11. Aus dem Gesagten folgt, daß die natürlichen Veränderungen der Monaden von einem inneren Prinzip

herrühren, da eine äußere Ursache auf ihr Inneres keinen Einfluß haben kann.[3]

12. Außer dem Prinzip der Veränderung muß es aber auch noch eine Besonderheit des Wechselnden geben, die gewissermaßen die verschiedenen und mannigfaltigen Arten der Monaden ausmacht.

13. Diese Besonderheit faßt notwendig eine Vielheit in der Einheit oder in dem Einfachen in sich. Denn da alle natürliche Veränderung gradweise vor sich geht, so wechselt immer einiges, während anderes bleibt; folglich muß es in der Monade eine Mehrheit von Regungen und Beziehungen geben, obwohl sie keineswegs aus Teilen besteht.

14. Der vorübergehende Zustand, welcher eine Vielheit in der Einheit bzw. in der einfachen Substanz in sich faßt und darstellt, ist nichts anderes als das, was man Perzeption nennt. Diese Perzeption muß, wie sich in der Folge zeigen wird, von der Apperzeption oder bewußten Vorstellung unterschieden werden. Darin haben nämlich die Cartesianer sehr gefehlt, daß sie die Vorstellungen, deren man sich nicht bewußt wird, für nichts rechneten. Dieser Irrtum veranlaßte sie zu dem Glauben, daß lediglich die Geister Monaden seien, und daß es weder Tierseelen noch sonstwelche Entelechien gebe. So haben sie auch die gang und gäbe Verwechslung mitgemacht und eine langdauernde Betäubung im Ernst für einen Tod gehalten. Und dieser Fehler schließlich ließ sie in das scholastische Vorurteil von gänzlich körperlosen Seelen verfallen und hat sogar verdrehte Köpfe in ihrem Wahn von der Sterblichkeit der Seelen bestärkt.

15. Die Tätigkeit des inneren Prinzips, welches den Wechsel oder den Übergang von einer Perzeption zur anderen bewirkt, kann als Begehren bezeichnet werden. Allerdings vermag das Begehren nicht immer

3 Vgl. *Theodizee*, §§ 396, 400.

vollständig zu der ganzen Vorstellung zu gelangen, nach der es strebt; aber es erreicht doch allzeit etwas davon und kommt zu neuen Vorstellungen.

16. Wir können uns selbst durch Erfahrung von der Vielheit in der einfachen Substanz überzeugen, wenn uns einmal aufgeht, daß der geringste Gedanke, dessen wir uns bewußt sind, eine Mannigfaltigkeit im Gegenstande in sich befaßt. Somit müssen alle diejenigen, welche zugeben, daß die Seele eine einfache Substanz ist, auch diese Vielheit in der Monade anerkennen – und Herr Bayle brauchte keine Schwierigkeit darin zu finden, wie er in seinem Wörterbuch, Artikel Rorarius, getan hat.

17. Übrigens muß man notwendig zugestehen, daß die Perzeption und was von ihr abhängt auf mechanische Weise, d. h. mit Hilfe von Figuren und Bewegungen, unerklärbar ist. Nehmen wir einmal an, es gäbe eine Maschine, die so eingerichtet wäre, daß sie Gedanken, Empfindungen und Perzeptionen hervorbrächte, so würde man sich dieselbe gewiß dermaßen proportional-vergrößert vorstellen können, daß man in sie hineinzutreten vermöchte, wie in eine Mühle. Dies vorausgesetzt, wird man bei ihrer inneren Besichtigung nichts weiter finden als einzelne Stücke, die einander stoßen – und niemals etwas, woraus eine Perzeption zu erklären wäre. Also muß man die Perzeption doch wohl in der einfachen Substanz suchen, und nicht in dem Zusammengesetzten oder in der Maschinerie! Auch läßt sich in der einfachen Substanz nur dieses allein finden: Perzeptionen und ihre Veränderungen. Darin allein müssen alle inneren Tätigkeiten der Monaden bestehen.[4]

18. Man könnte allen einfachen Substanzen oder geschaffenen Monaden den Namen »Entelechien« geben; denn sie haben eine gewisse Vollendung in sich

---

4 Vgl. *Theodizee*, Vorrede.

(ἔχουσι τὸ ἐντελές). Es gibt in ihnen eine Selbstgenüg-
samkeit (αὐτάρχεια), welche sie zu Quellen ihrer inneren Tätigkeiten und sozusagen zu unkörperlichen Automaten macht.[5]
19. Wollen wir alles, was in dem soeben entwickelten
allgemeinen Sinne perzipiert und begehrt, als Seele
bezeichnen, so könnten alle einfachen Substanzen oder
geschaffenen Monaden Seelen genannt werden. Da jedoch die bewußte Empfindung etwas mehr ist als eine
einfache Perzeption, so mag für die einfachen Substanzen, die nur einfache Perzeptionen haben, der all-
gemeine Name »Monade« oder »Entelechie« genügen.
Die Bezeichnung »Seele« dagegen mag jenen Monaden
vorbehalten bleiben, deren Perzeption deutlicher und
von Gedächtnis begleitet ist.
20. Denn wir lernen ja an uns selbst durch Erfahrung
einen Zustand kennen, wo wir uns an nichts erinnern
und keine einzige deutliche Perzeption haben, zum
Beispiel wenn wir in Ohnmacht fallen oder von einem
tiefen traumlosen Schlafe überwältigt sind. In diesem
Zustand unterscheidet sich die Seele nicht merklich
von einer einfachen Monade. Aber da dieser Zustand
nicht andauert und die Seele sich ihm wieder entzieht,
so ist sie etwas Höheres.[6]
21. Daraus folgt jedoch keineswegs, daß die einfache
Substanz in jedem Fall ohne Perzeption sei. Das ist
schon aus den oben angeführten Gründen gar nicht
möglich; denn untergehen kann sie nicht; sie kann
aber auch nicht fortbestehen ohne irgendwelche Regung, und diese Regung ist eben nichts anderes als ihre
Perzeption. Wenn jedoch eine große Menge von kleinen Perzeptionen zusammenkommt, worin sich nichts
deutlich unterscheidet, so ist man betäubt. Dreht man
sich zum Beispiel ununterbrochen in der nämlichen

5 Vgl. *Theodizee*, § 87.
6 Vgl. *Theodizee*, § 64.

Richtung mehrere Male hintereinander herum, so tritt
ein Schwindel ein, der uns ohnmächtig machen kann
und nichts mehr unterscheiden läßt. In gleicher Weise
versetzt der Tod die Lebewesen eine Zeitlang in diesen Zustand.

22. Jeder gegenwärtige Zustand einer einfachen Substanz ist natürlicherweise eine Folge ihres vorhergehenden Zustandes, ebenso wie in ihr das Gegenwärtige
mit dem Zukünftigen schwanger geht.[7]

23. Daraus geht folgendes hervor. Weil man, aus der
Betäubung erwacht, sich seiner Perzeptionen bewußt
wird, so muß man doch wohl auch unmittelbar vorher
welche gehabt haben, obwohl man sich ihrer nicht bewußt war. Denn eine Perzeption kann natürlicherweise nur aus einer anderen Perzeption entstehen, wie
eine Bewegung natürlicherweise nur aus einer Bewegung entstehen kann.[8]

24. Man sieht daraus, daß wir immer im Zustande
der Betäubung sein würden, wenn wir in unseren Perzeptionen nichts Deutliches und gewissermaßen Her-
vorgehobenes hätten, von dem ein stärkerer Reiz ausgeht. Tatsächlich ist das der Zustand der ganz bloßen
Monaden.

25. Daß die Natur auch den Tieren solche hervor-
gehobenen Perzeptionen gegeben hat, sehen wir aus der
vielfältigen Sorge, welche sie auf die Erzeugung von
Organen verwendete, die mehrere Lichtstrahlen oder
Luftwellen zusammenfassen, damit sie durch ihre Vereinigung eine stärkere Wirksamkeit erzielen. Etwas
Ähnliches findet im Geruch, Geschmack, Getast und
vielleicht noch in vielen anderen Sinnen statt, die uns
unbekannt sind. Auch werde ich bald erklären, wie
das, was in der Seele vorgeht, das vorstellt, was in den
Organen geschieht.

26. Das Gedächtnis liefert den Seelen eine Art von

7 Vgl. *Theodizee*, § 360.
8 Vgl. *Theodizee*, §§ 401/403.

Verkettung, welche die Vernunft nachahmt, aber von dieser unterschieden werden muß. So sehen wir, daß die Tiere, wenn sie irgend etwas perzipieren, das einen lebhaften Eindruck auf sie macht und von dem sie schon früher eine ähnliche Perzeption gehabt haben, infolge der Vorstellung ihres Gedächtnisses dasjenige erwarten, was bei jener früheren Perzeption damit verbunden war, und daß sie zu ähnlichen Gefühlen neigen wie damals. Zeigt man zum Beispiel den Hunden den Stock, so erinnern sie sich des Schmerzes, den er ihnen verursacht hat, und heulen und laufen davon.[9]

27. Die Heftigkeit der Einbildung, die sie dabei überfällt und in Bewegung bringt, kommt entweder von der Stärke oder von der Menge der früheren Perzeptionen. Denn oft bringt ein starker Eindruck auf einen Schlag dieselbe Wirkung hervor wie eine lange Gewohnheit oder viele wiederholte Perzeptionen von mittelmäßiger Stärke.

28. Die Menschen handeln wie die unvernünftigen Tiere, insoweit die Verkettungen ihrer Perzeptionen lediglich nach dem Prinzip des Gedächtnisses erfolgen. So ähnlich ist es bei den empirischen Ärzten, die einfach Praxis haben, aber keine Theorie; wir alle sind bei drei Vierteln unserer Tätigkeiten nur solche Empiriker. Erwartet man zum Beispiel, daß es morgen wieder Tag werden wird, so verfährt man bei dieser Annahme empirisch: es ist eben bis jetzt immer so geschehen. Nur der Astronom urteilt darüber nach Vernunftgründen.

29. Die Erkenntnis der notwendigen und ewigen Wahrheiten aber ist es, was uns von den bloßen Tieren unterscheidet und in den Besitz der Vernunft und der Wissenschaft setzt, indem sie uns zur Erkenntnis unsrer selbst und Gottes erhebt. Eben dieses ist es, was

9 Vgl. *Theodizee*, § 65.

man in uns als vernünftige Seele oder Geist bezeichnet.

30. Durch die Erkenntnis der notwendigen Wahrheiten und durch ihre Abstraktionen werden wir auch zu den reflexiven Akten erhoben, die uns den Gedanken »Ich« fassen und Betrachtungen darüber anstellen lassen, daß dieses oder jenes »in uns« ist. Indem wir unsere Gedanken auf uns selbst richten, richten wir sie auch auf das »Sein«, auf die »Substanz«, auf »Einfaches« und »Zusammengesetztes«, auf »Unstoffliches« und selbst auf »Gott«, insofern wir das, was in uns beschränkt ist, in ihm als unbeschränkt begreifen. Jene reflexiven Akte liefern somit die Hauptgegenstände unseres Vernunftgebrauches.[10]

31. Dieser Vernunftgebrauch gründet sich auf zwei große Prinzipien. Erstens auf das Prinzip des Widerspruchs, kraft dessen wir für falsch erklären, was einen Widerspruch in sich schließt, und für wahr, was dem Falschen entgegengesetzt ist oder widerspricht.[11]

32. Zweitens auf das Prinzip des zureichenden Grundes, kraft dessen wir erwägen, daß keine Tatsache wahr seiend oder existierend, keine Aussage wahrhaftig befunden werden kann, ohne daß ein zureichender Grund sei, warum es so und nicht anders ist –, obwohl uns diese Gründe in den meisten Fällen ganz und gar unbekannt sein mögen.[12]

33. Es gibt auch zwei Arten von Wahrheiten: Vernunftwahrheiten und Tatsachenwahrheiten. Die Vernunftwahrheiten sind notwendig und ihr Gegenteil ist unmöglich; die Tatsachenwahrheiten sind zufällig und ihr Gegenteil ist möglich. Wenn eine Wahrheit notwendig ist, so kann man ihren Grund durch Analyse finden, indem man sie in einfachere Ideen und Wahr-

---

10 Vgl. *Theodizee*, Vorrede.
11 Vgl. *Theodizee*, §§ 44, 196.
12 Vgl. *Theodizee*, §§ 44, 196.

heiten auflöst, bis man schließlich zu den elementaren Grundwahrheiten gelangt.[13]

34. Auf diese Weise werden bei den Mathematikern die theoretischen Lehrsätze und die praktischen Regeln durch die Analyse auf Definitionen, Axiome und Postulate zurückgeführt.

35. Am Ende gibt es einfache Ideen, von denen man keine Definition geben kann. Ferner gibt es Axiome und Postulate oder mit einem Wort elementare Prinzipien, die nicht bewiesen werden können und auch gar keines Beweises bedürfen. Es sind das die identischen Aussagen, deren Gegenteil einen ausdrücklichen Widerspruch enthält.

36. Aber der zureichende Grund muß sich auch bei den zufälligen oder Tatsachenwahrheiten finden, d. h. in der Folge und im Zusammenhang der erschaffenen Gegenstandswelt. Hier kann die Aufspaltung in einzelne Gründe wegen der unermeßlichen Verschiedenheit der Naturdinge und wegen der unendlichen Zerteilung der Körper allerdings in eine Vermannigfaltigung ohne Grenzen gehen. Es sind unendlich viele Figuren und Bewegungen, gegenwärtige und vergangene, welche die bewirkende Ursache meiner gegenwärtigen Schrift ausmachen; und es sind unendlich viele kleine Neigungen und Stimmungen meiner Seele, gegenwärtige und vergangene, welche ihren Finalgrund bilden.[14]

37. Da nun diese ganze Mannigfaltigkeit voller Zufälligkeiten steckt, die noch weiter zurückliegen oder noch spezieller Art sind, und von denen jede zu ihrer Begründung wieder eine ähnliche Zergliederung erfordert, so ist man durch die Analyse nicht gefördert. Es muß vielmehr der wahrhaft zureichende oder letzte

13 Vgl. *Theodizee*, §§ 170, 174, 189, 280–282, 367, Anhang I, Einwurf 3.
14 Vgl. *Theodizee*, §§ 36, 37, 44, 45, 49, 52, 121, 122, 337, 340, 344.

Grund außerhalb der Folge oder der Folge-Reihen von mannigfaltigen Zufälligkeiten liegen, so unbegrenzt jener Zusammenhang auch sein mag.

38. Somit muß der letzte Grund der Dinge in einer notwendigen Substanz liegen, in welcher das Mannigfaltige der Veränderungen lediglich »eminenter«, gleichwie in der Quelle enthalten ist. Diese Substanz nennen wir Gott.[15]

39. Da nun diese Substanz ein zureichender Grund des ganzen Mannigfaltigen ist, und dieses allenthalben in Verbindung und Zusammenhang steht, so gibt es nur einen Gott, und dieser Gott ist zureichend.

40. Ferner: Da diese höchste Substanz, welche einzig, allgemein und notwendig ist, nichts außer sich hat, was von ihr unabhängig wäre, und da sie eine einfache Folge des möglichen Seins ist – so kann man daraus abnehmen, daß sie der Schranken unfähig sein und so viel Realität wie möglich enthalten muß.

41. Daraus folgt dann, daß Gott absolut vollkommen ist. Vollkommenheit ist nichts anderes als die Größe der positiven Realität im genauen Sinn, indem man bei den endlichen Dingen die Grenzen oder Schranken beiseite setzt. Wo gar keine Schranken sind, d. h. in Gott, ist die Vollkommenheit absolut unendlich.[16]

42. Weiter folgt daraus, daß die Geschöpfe ihre Vollkommenheiten dem Einflusse Gottes verdanken, ihre Unvollkommenheiten jedoch von ihrer eigenen Natur haben, die nicht ohne Schranken zu sein vermag. Dadurch nämlich unterscheiden sie sich von Gott. (Diese ursprüngliche Unvollkommenheit der Geschöpfe macht sich in der natürlichen Trägheit der Körper bemerkbar.)[17]

43. Es ist auch wahr, daß in Gott nicht allein die

15 Vgl. *Theodizee*, § 7.
16 Vgl. *Theodizee*, § 22 und Vorrede.
17 Vgl. *Theodizee*, §§ 20, 27–31, 153, 167, 377 ff., Anhang I, Einwurf 5.

Quelle der Existenzen, sondern auch die der Essenzen ist, insoweit sie reell sind, d. h. von demjenigen, was Reelles in der Möglichkeit ist. Denn der Verstand Gottes ist die Region der ewigen Wahrheiten oder der Ideen, von denen sie abhängen; ohne ihn würde es nichts Reelles in den Möglichkeiten geben: nicht allein nichts Existierendes, sondern nicht einmal etwas Mögliches.[18]

44. Wenn es nämlich eine Realität in den Essenzen oder Möglichkeiten, oder auch in den ewigen Wahrheiten gibt, so muß diese Realität in etwas Existierendem und Wirklichem gegründet sein, folglich in der Existenz des notwendigen Wesens, bei welchem die Essenz die Existenz in sich schließt, oder bei dem es hinreicht, möglich zu sein, um wirklich zu sein.[19]

45. Somit hat Gott (oder das notwendige Wesen) allein dieses Vorrecht, daß er notwendig existiert, wenn er möglich ist. Da nun nichts die Möglichkeit dessen hindern kann, was keine Schranken, keine Verneinung und folglich auch keinen Widerspruch in sich schließt, so ist dies allein schon hinreichend, um die Existenz Gottes a priori zu erkennen. Wir haben sie auch durch die Realität der ewigen Wahrheiten bewiesen. Aber auch a posteriori haben wir sie weiter oben bewiesen, da zufällige Wesen existieren, welche ihren letzten oder zureichenden Grund nur in dem notwendigen Wesen haben können, welches den Grund seiner Existenz in sich selbst hat.

46. Indessen darf man sich nicht mit einigen Philosophen einbilden, daß die ewigen Wahrheiten, welche allerdings von Gott abhängen, eben darum auch willkürlich und dem Willen Gottes unterworfen sind, wie Descartes und später Herr Poiret angenommen zu haben scheinen. Das gilt nur von den zufälligen Wahrheiten, deren Prinzip die Angemessenheit oder die

18 Vgl. *Theodizee*, § 20.
19 Vgl. *Theodizee*, §§ 184, 189, 335.

Wahl des Besten ist, während die notwendigen Wahrheiten einzig und allein von dem Verstande Gottes abhängen und den inneren Gegenstand desselben bilden.[20]

47. Somit ist Gott allein die Ur-Einheit oder die Ur-Monade. Alle geschaffenen oder abgeleiteten Monaden sind seine Erzeugungen und entstehen sozusagen durch beständige Ausblitzungen der Gottheit von Augenblick zu Augenblick — beschränkt durch die Aufnahmefähigkeit des Geschöpfs, dem es wesentlich ist, begrenzt zu sein.[21]

48. In Gott ist die Macht, welche die Quelle von Allem ist; sodann die Erkenntnis, welche die Mannigfaltigkeit der Ideen enthält; schließlich der Wille, welcher die Veränderungen oder Erzeugungen gemäß dem Prinzip des Besten ins Werk setzt. In den geschaffenen Monaden entsprechen diese Attribute dem individuellen Kern oder Fundament, dem Perzeptionsvermögen und dem Begehrungsvermögen. Aber in Gott sind diese Attribute absolut unendlich oder vollkommen, während sie in den geschaffenen Monaden oder den Entelechien (oder den Perfectihabien, wie Hermolaus Barbarus dieses Wort übersetzt hat) nur mehr oder weniger gelungene Nachahmungen davon sind, je nach dem Grad ihrer Vollkommenheit.[22]

49. Man sagt von einem Geschöpf: es wirkt nach außen, insoweit es Vollkommenheit besitzt, und es leidet von einem anderen, insoweit es unvollkommen ist. Ebenso spricht man der Monade tätige Wirksamkeit zu, insoweit sie deutlich perzipiert, und Leiden, insoweit ihre Perzeptionen verworren sind.[23]

50. Auch ist ein Geschöpf vollkommener als ein anderes, insofern man in ihm den Grund a priori von

20 Vgl. *Theodizee*, §§ 180, 184, 185, 335, 351, 380.
21 Vgl. *Theodizee*, §§ 382/391, 395, 398.
22 Vgl. *Theodizee*, §§ 7, 87, 149, 150.
23 Vgl. *Theodizee*, §§ 32, 66, 386.

demjenigen findet, was in einem anderen vorgeht. Und in dieser Beziehung sagt man eben, daß es auf das andere wirke.

51. Aber bei den einfachen Substanzen findet nur ein idealer Einfluß der einen Monade auf die andere statt, welcher seinen Erfolg nur durch die Dazwischenkunft Gottes haben kann, insofern nämlich in den Ideen Gottes jede Monade mit Grund verlangt, daß Gott von Anbeginn der Dinge bei der Ordnung der anderen Monaden auf sie Rücksicht nimmt. Denn da eine geschaffene Monade keinen physischen Einfluß auf das Innere der anderen haben kann, so kann nur durch dieses Mittel die eine von der anderen abhängig sein.[24]

52. Darum ist unter den Geschöpfen das Tun und Leiden ein wechselseitiges. Denn indem Gott zwei einfache Substanzen vergleicht, findet er in einer jeden Gründe, die ihn veranlassen, die andere ihr anzupassen – und somit ist das in gewisser Hinsicht Tätige von einem anderen Standpunkt aus betrachtet ein Leidendes. Tätig ist es insofern, als das, was man deutlich in ihm erkennt, zur Begründung des Vorgangs in einem anderen dient. Leidend ist es insofern, als der Grund des Vorgangs in ihm sich in demjenigen findet, was in einem anderen deutlich erkannt wird.[25]

53. Da nun die Ideen Gottes unendlich viele mögliche Welten enthalten und doch nur eine einzige davon existieren kann, so muß es einen zureichenden Grund für die Wahl Gottes geben, der ihn zu der einen Welt mehr als zu der anderen bestimmt.[26]

54. Dieser Grund kann nur in der Angemessenheit oder in den Graden der Vollkommenheit gefunden werden, welche diese Welten enthalten, da jedes Mögliche das Recht hat nach dem Maße der Vollkommen-

---

24 Vgl. *Theodizee*, §§ 9, 54, 65, 66, 201, Anhang I, Einwurf 3.
25 Vgl. *Theodizee*, § 66.
26 Vgl. *Theodizee*, §§ 8, 10, 44, 173, 196 ff., 225, 414–416.

heit, die es einschließt, auf seine Existenz zu dringen.[27]

55. Das ist die Ursache für die Existenz des Besten, welches Gott die Weisheit erkennen, seine Güte ihn wählen und seine Macht ihn hervorbringen läßt.[28]

56. Nun bewirkt diese Verknüpfung oder diese Anpassung aller geschaffenen Dinge an jedes andere und eines jeden an alle anderen, daß jede einfache Substanz Beziehungen hat, durch welche alle übrigen zum Ausdruck gelangen, und daß sie infolgedessen ein fortwährender lebendiger Spiegel der Welt ist.[29]

57. Und wie eine und dieselbe Stadt, von verschiedenen Seiten betrachtet, immer wieder anders und gleichsam perspektivisch vervielfältigt erscheint, so geschieht es auch, daß es wegen der unendlichen Menge der einfachen Substanzen gleichsam ebensoviele verschiedene Welten gibt, die gleichwohl nichts anderes sind als die perspektivischen Ansichten des einzigen Universums, je nach den verschiedenen Gesichtspunkten jeder einzelnen Monade.[30]

58. Durch dieses Mittel wird die größtmögliche Mannigfaltigkeit erreicht, aber mit der größtmöglichen Ordnung, das heißt es wird dadurch so viel Vollkommenheit wie möglich erreicht.[31]

59. Auch wird nur durch diese Hypothese (die ich bewiesen zu nennen wage) die Größe Gottes, so wie es sich gehört, herausgestellt. Das hat auch Herr Bayle anerkannt, als er in seinem Wörterbuch (Artikel Rorarius) dagegen Einwendungen machte, wobei er sogar versucht war zu glauben, daß ich Gott zuviel zuschriebe, und mehr als möglich ist. Er vermochte je-

27 Vgl. *Theodizee*, §§ 74, 130, 167, 201, 345 ff., 350, 352, 354.

28 Vgl. *Theodizee*, §§ 8, 78, 80, 84, 119, 204, 206, 208, Anhang I, Einwurf 8.

29 Vgl. *Theodizee*, §§ 130, 360.

30 Vgl. *Theodizee*, § 147.

31 Vgl. *Theodizee*, §§ 120, 124, 214, 241 ff., 275.

doch keinen Grund für die Unmöglichkeit dieser Welt-Harmonie anzuführen, kraft welcher jede Substanz durch die Beziehungen, in welchen sie allenthalben steht, alle übrigen Substanzen genau ausdrückt.

60. Außerdem ersieht man aus dem soeben Vorgetragenen die Gründe a priori, warum die Dinge keinen anderen Verlauf nehmen können. Weil nämlich Gott bei der Ordnung des Ganzen auf jeden Teil und im besonderen auf jede Monade – die von Natur ein vorstellendes Wesen ist – Rücksicht genommen hat, so ist nichts imstande, eine Monade dergestalt einzuschränken, daß sie nur einen Teil der Dinge vorstellen würde. Allerdings kann diese ihre Vorstellung nicht die ganze Mannigfaltigkeit der Welt deutlich zum Ausdruck bringen, sondern sie bleibt bis auf einen kleinen Teil der Dinge verworren. Und zwar ist sie nur in jenen Dingen deutlich, welche in bezug auf jedwede Monade entweder die nächsten oder die größten sind; andernfalls würde jede Monade eine Gottheit sein. Es ist also nicht der Gegenstand, sondern die Abstufung der Erkenntnis des Gegenstands, worin die Monaden beschränkt sind. Sie gehen alle in verworrener Weise auf das Unendliche, das Ganze aus. Aber sie sind begrenzt und voneinander verschieden nach den Graden der deutlichen Perzeptionen.

61. Das Zusammengesetzte steht dabei mit dem Einfachen in einem sinnbildlichen Zusammenhang. Denn da alles voll und somit die gesamte Materie in sich verbunden ist, und da in dem Erfüllten jede Bewegung auf die entfernten Körper im Verhältnis der Entfernung etliche Wirkung ausübt – dergestalt, daß jeder Körper nicht allein von den ihn berührenden erregt wird und gewissermaßen alles, was in ihnen geschieht, selbst verspürt, sondern vermittels derselben auch die Einwirkung derer verspürt, welche an die ihn unmittelbar berührenden anstoßen –, so folgt daraus, daß sich diese Kommunikation auf jede beliebige Entfer-

nung erstreckt. Somit verspürt jeder Körper alles, was
in der Welt geschieht, so daß jemand, der alles sieht,
in einem jeden einzelnen lesen könnte, was überall geschieht und sogar, was geschehen ist oder geschehen
wird, indem er in dem Gegenwärtigen das nach Zeit
und Ort Entfernte bemerkt. Σύμπνοια πάντα, sagte
Hippokrates. Aber eine Seele kann in sich selbst nur
das deutlich Vorgestellte lesen; sie kann nicht auf
einen Schlag auseinanderlegen, was in ihr zusammengefaltet ist; denn diese Fältelung geht ins Unendliche.

62. Obgleich also jede geschaffene Monade die ganze
Welt vorstellt, so stellt sie doch mit besonderer Deutlichkeit den Leib vor, der ihr speziell angewiesen ist
und dessen Entelechie sie ausmacht. Und da dieser
Körper infolge des Zusammenhangs der gesamten Materie in dem Erfüllten die ganze Welt ausdrückt, so
stellt auch die Seele die ganze Welt vor, indem sie diesen Körper vorstellt, der ihr auf eine eigentümliche
Weise zugehört.[32]

63. Der Leib, welcher einer Monade zugehört, die
seine Entelechie oder Seele ist, bildet mit der Entelechie das, was man ein Lebendiges nennen kann, und
mit der Seele das, was man Tier nennt. Nun ist aber
dieser Körper eines Lebendigen oder eines Tieres immer organisch; denn da jede Monade nach ihrer Weise
ein Spiegel der Welt und die Welt nach einer vollkommenen Ordnung geregelt ist, so muß es auch eine Ordnung in dem Vorstellenden geben, d. h. in den Perzeptionen der Seele und folglich auch in dem Körper,
gemäß welchem die Welt in der Seele vorgestellt
wird.[33]

64. Daher ist jeder organische Körper (Leib) eines
Lebendigen eine Art von göttlicher Maschine oder natürlichem Automaten, der alle künstlichen Automaten

32 Vgl. *Theodizee*, § 400.
33 Vgl. *Theodizee*, § 403.

unendlich übertrifft. Eine durch menschliche Kunst verfertigte Maschine ist nämlich nicht in jedem ihrer Teile Maschine. So hat zum Beispiel der Zahn eines Messingrades Teile oder Bruchteile, die für uns nichts Künstliches mehr sind und die nichts mehr an sich haben, was in bezug auf den Gebrauch, zu dem das Rad bestimmt war, etwas Maschinenartiges verrät. Aber die Maschinen der Natur, d. h. die lebendigen Körper, sind noch Maschinen in ihren kleinsten Teilen bis ins Unendliche. Das ist der Unterschied zwischen der Natur und der Technik, d. h. zwischen der göttlichen Kunstfertigkeit und der unsrigen.[34]

65. Der Urheber der Natur konnte dieses göttliche und unendlich wunderbare Kunstwerk ausführen, weil jedes Stück Materie nicht nur, wie die Alten erkannt haben, ins Unendliche teilbar, sondern auch jedes Stück tatsächlich ohne Ende in Teile weitergeteilt ist, von denen jedes eine eigene Bewegung hat. Andernfalls würde es nämlich unmöglich sein, daß jeder Teil der Materie die Welt auszudrücken vermag.[35]

66. Daraus ersieht man, daß es in dem kleinsten Teil der Materie eine Welt von Geschöpfen, von Lebendigem, von Tieren, Entelechien, Seelen gibt.

67. Jedes Stück Natur kann als ein Garten voller Pflanzen und als ein Teich voller Fische aufgefaßt werden. Aber jeder Zweig der Pflanze, jedes Glied des Tiers, jeder Tropfen seiner Säfte ist wiederum ein solcher Garten oder ein solcher Teich.

68. Und obwohl die zwischen den Pflanzen des Gartens befindliche Erde und Luft oder das zwischen den Fischen des Teichs befindliche Wasser weder Pflanze noch Fisch ist, so enthalten sie deren doch wieder, aber meistens von einer uns unerfaßbaren Subtilität.

69. Daher gibt es nichts Ödes, nichts Unfruchtbares,

34 Vgl. *Theodizee*, §§ 134, 146, 194, 403.
35 Vgl. *Theodizee*, Einleitung § 70, § 195.

nichts Totes in der Welt; kein Chaos, keine Verwirrung, außer nur scheinbare; ungefähr wie eine solche scheinbar auch in dem Teiche sein würde, wenn man aus einiger Entfernung eine verworrene Bewegung und sozusagen ein Gewimmel von Fischen sähe, ohne die Fische selbst zu unterscheiden.[36]

70. Man sieht hieraus, daß jeder lebendige Körper eine herrschende Entelechie hat, welche in dem Tiere die Seele ist. Aber die Glieder dieses lebendigen Körpers sind voll von anderem Lebendigen, von Pflanzen, von Tieren, deren jedes wiederum seine Entelechie oder seine herrschende Seele hat.

71. Indessen darf man sich nicht einbilden, wie einige infolge eines Mißverständnisses meiner Lehre getan haben, daß jede Seele eine Masse oder ein Stück Materie habe, welche ihr für immer zu eigen gehöre oder zugewiesen sei, und daß sie infolgedessen andere niedere Lebewesen besitze, die stets zu ihrem Dienste bestimmt sind. Vielmehr befinden sich alle Körper in einem immerwährenden Ab- und Zuflusse wie die Ströme, und es treten fortwährend Teile ein und aus.

72. Daher wechselt die Seele den Körper nur allmählich und stufenweise, dergestalt, daß sie niemals auf einen Schlag aller ihrer Organe beraubt ist. Metamorphosen gibt es oft bei den Tieren, aber niemals eine Metempsychose oder Seelenwanderung. Auch gibt es keine ganz und gar für sich bestehenden Seelen oder Genien ohne Körper. Gott allein ist vom Körper völlig frei.[37]

73. Aus diesem Grunde gibt es auch streng genommen niemals eine völlige Neuerzeugung und niemals einen vollkommenen, in der Trennung der Seele vom Körper bestehenden Tod. Was wir Zeugung nennen, ist in Wahrheit Entwicklung und Wachstum. So ist auch,

---

36 Vgl. *Theodizee*, Vorrede.
37 Vgl. *Theodizee*, §§ 90, 124.

was wir Tod nennen, Einziehung und Verminderung.

74. Die Philosophen sind über den Ursprung der Formen, Entelechien oder Seelen sehr in Verlegenheit gewesen. Nachdem man aber heutzutage durch genaue Untersuchungen an Pflanzen, Insekten und anderen Lebewesen beobachtet hat, daß die organischen Naturkörper niemals aus einem Chaos oder aus einer Fäulnis hervorgehen, sondern immer aus Samen, in welchen ohne Zweifel irgendeine Präformation bestand, ist man zu der Ansicht gekommen, daß nicht allein der organische Körper schon vor der Empfängnis im Samen vorhanden war, sondern auch eine Seele in diesem Körper und, mit einem Wort, das Lebewesen selbst. Vermittelst, der Empfängnis wird dieses Lebewesen lediglich zu einer großen Umbildung befähigt; es wird dadurch ein Geschöpf anderer Art. Etwas Ähnliches bemerkt man selbst ohne Zeugung, wenn zum Beispiel die Maden zu Fliegen und die Raupen zu Schmetterlingen werden.[38]

75. Die Lebewesen, von denen einige vermittels der Empfängnis auf die Stufe größerer Tiere erhoben werden, kann man spermatische nennen. Diejenigen unter ihnen, welche in ihrer Art verbleiben – und das ist die Mehrzahl –, werden geboren, vermehren sich und verfallen wie die großen Tiere. Nur eine kleine Anzahl von Auserwählten geht auf einen größeren Schauplatz über.

76. Dies wäre jedoch erst die Hälfte der Wahrheit: Ich folgerte daher, daß, wenn das Tier niemals auf natürlichem Wege beginnt, es auch niemals auf natürlichem Wege endet, und daß es nicht nur keine völlige Neuerzeugung geben wird, sondern auch weder gänzliche Zerstörung noch Tod im strengen Sinne. Die a posteriori gemachten und aus der Erfahrung gezoge-

38 Vgl. *Theodizee*, Vorrede und §§ 86, 89, 90, 187, 188, 397, 403.

nen Schlüsse stimmen auch hier vollkommen mit meinen a priori abgeleiteten Prinzipien überein.[39]

77. Man kann also sagen, daß nicht allein die Seele (als Spiegel einer unzerstörbaren Welt) unzerstörbar ist, sondern auch das Tier selbst, obwohl seine Maschine oft teilweise untergeht und organische Hüllen abwirft oder annimmt.

78. Diese Prinzipien haben mir ein Mittel an die Hand gegeben, durch welches man die Vereinigung oder vielmehr die Übereinstimmung der Seele mit dem organischen Leib auf natürliche Weise erklären kann. Die Seele folgt ihren eigenen Gesetzen und ebenso der Leib den seinigen; sie treffen zusammen kraft der Harmonie, welche unter allen Substanzen prästabiliert ist, da sie sämtlich Vorstellungen einer und derselben Welt sind.[40]

79. Die Seelen wirken nach den Gesetzen der Finalgründe durch Begehrungen, Zwecke und Mittel. Die Körper wirken nach den Gesetzen der bewirkenden Ursachen oder der Bewegungen. Und diese beiden Reiche, das der bewirkenden Ursachen und das der Finalgründe, harmonieren miteinander.

80. Descartes hat erkannt, daß die Seelen den Körpern keine Kraft geben können, weil die Größe der Kraft in der Materie immer dieselbe ist. Indessen meinte er, daß die Seele die Richtung des Körpers ändern könne. Das war aber nur eine Folge davon, daß man zu seiner Zeit das Naturgesetz noch nicht kannte, nach welchem in der Materie auch die nämliche Gesamtrichtung erhalten wird. Wenn Descartes das gewußt hätte, so würde er auf mein System der prästabilierten Harmonie verfallen sein.[41]

81. Nach diesem System wirken die Körper so, als ob

---

39 Vgl. *Theodizee*, § 90.
40 Vgl. *Theodizee*, Vorrede und §§ 340, 352, 353, 358.
41 Vgl. *Theodizee*, Vorrede und §§ 22, 59, 60, 61, 63, 66, 345, 346 ff., 354, 355.

es (das Unmögliche angenommen!) keine Seelen gäbe, und die Seelen so, als ob es keine Körper gäbe; beide zusammen wirken so, als ob eins auf das andere Einfluß ausübte.

82. Was die Geister oder vernünftigen Seelen anbelangt, so finde ich zwar, daß es sich im Grunde bei allem Lebendigen und bei allen Tieren ebenso verhält, wie eben dargelegt worden ist (daß nämlich das Tier und die Seele nur mit der Welt entstehen und nicht eher als die Welt enden). Immerhin gibt es bei den vernünftigen Lebewesen das Besondere, daß ihre Samentierchen, solange sie eben nichts weiter als solche sind, nur gewöhnliche oder sensitive Seelen haben; sobald aber diejenigen, welche sozusagen auserwählt sind, durch eine wirkliche Empfängnis zur menschlichen Natur gelangen, werden auch ihre sensitiven Seelen auf die Stufe der Vernunft und zum Vorrecht der Geister erhoben.[42]

83. Neben anderen Unterschieden zwischen den gewöhnlichen Seelen und den Geistern, von denen ich schon einen Teil angegeben habe, findet sich auch noch der, daß die Seelen im allgemeinen lebende Spiegel oder Abbilder der Kreaturen-Welt sind, die Geister dagegen auch noch Abbilder der Gottheit selbst oder des Urhebers der Natur. Sie sind fähig, das System des Weltgebäudes zu erkennen und etwas davon in architektonischen Probestücken nachzuahmen, da jeder Geist in seinem Bezirk gleichsam eine kleine Gottheit ist.[43]

84. Dies hat zur Folge, daß die Geister fähig sind, in eine gewisse Gemeinschaft mit Gott zu treten, und daß Gott zu ihnen nicht bloß in dem Verhältnis eines Erfinders zu seiner Maschine steht (wie das bei den übrigen Geschöpfen der Fall ist), sondern auch im Verhältnis eines Fürsten zu seinen Untertanen und sogar eines Vaters zu seinen Kindern.

42 Vgl. *Theodizee*, §§ 91, 397.
43 Vgl. *Theodizee*, § 147.

85. Hieraus schließt man leicht, daß die Versammlung aller Geister das Reich Gottes bilden muß, d. h. den vollkommensten Staat, der unter dem vollkommensten aller Monarchen möglich ist.[44]

86. Dieses Reich Gottes, diese wahrhafte Universal-Monarchie, ist eine moralische Welt in der natürlichen Welt und das erhabenste und himmlischste unter den Werken Gottes. In ihr besteht die wahre Ehre Gottes, die er ja nicht haben würde, wenn seine Größe und seine Güte nicht von den Geistern erkannt und bewundert wären. Auch übt er seine Güte ganz eigentlich in bezug auf diesen Gottes-Staat, während sich seine Weisheit und seine Macht allenthalben zeigen.

87. Wie wir oben eine vollkommene Harmonie zwischen zwei natürlichen Bereichen, dem der bewirkenden Ursachen und dem der Finalgründe, aufgestellt haben, so müssen wir hier noch eine zweite Harmonie bemerklich machen: zwischen dem physischen Bereiche der Natur und dem moralischen Bereiche der Gnade, d. h. zwischen Gott, dem Baumeister der Weltmaschine, und Gott, dem Monarchen des göttlichen Geister-Staats.[45]

88. Diese Harmonie macht, daß die Dinge selbst auf den Wegen der Natur zur Gnade führen, und daß zum Beispiel dieser Erdball auf natürlichen Wegen in den Augenblicken zerstört und wiederhergestellt werden muß, wo es die Regierung der Geister verlangt: zur Züchtigung der einen und zur Entschädigung der anderen.[46]

89. Man kann auch sagen, daß Gott als Baumeister Gott als Gesetzgeber in allem zufriedenstellt, und daß also die Sünden nach der Ordnung der Natur und kraft des mechanischen Gefüges der Dinge selbst ihre Strafe mit sich führen müssen – und daß sich ebenso

---

44 Vgl. *Theodizee*, § 146, Anhang I, Einwurf 2.
45 Vgl. *Theodizee*, §§ 62, 74, 112, 118, 130, 247, 248.
46 Vgl. *Theodizee*, §§ 18 ff., 110, 244, 245, 340.

die schönen Handlungen in bezug auf die Körper auf mechanischen Wegen ihre Belohnungen zuziehen werden, obwohl das nicht immer auf der Stelle geschehen kann und darf.

90. Endlich wird es unter dieser vollkommenen Regierung keine gute Tat ohne Vergeltung, keine schlechte ohne Züchtigung geben. Alles muß zum Wohle der Guten ausschlagen, d. h. derer, die in diesem großen Staat nicht zu den Mißvergnügten gehören, die sich der Vorsehung anvertrauen, nachdem sie ihre Pflicht getan haben, die den Urheber alles Guten nach Gebühr lieben und nachahmen, indem sie sich an der Betrachtung seiner Vollkommenheit freuen. Es liegt nämlich in der Natur der wahrhaften reinen Liebe, daß sie uns an der Glückseligkeit des Geliebten Freude finden läßt. Solches bewirkt, daß die Weisen und Tugendhaften an alledem arbeiten, was mit dem mutmaßlichen oder vorhergehenden göttlichen Willen übereinzustimmen scheint – und gleichwohl mit dem zufrieden sind, was Gott vermöge seines geheimen, nachfolgenden oder entscheidenden Willens wirklich eintreten läßt. Sie anerkennen nämlich, daß wir, wenn wir die Weltordnung hinreichend zu verstehen imstande wären, finden würden, wie sie alle Wünsche der Weisesten übertrifft, und wie es unmöglich ist, sie besser zu machen als sie ist. Und zwar nicht bloß für das Ganze im allgemeinen, sondern auch für uns selbst im besonderen, wenn wir nämlich dem Urheber des Ganzen nach Gebühr ergeben sind: sowohl als dem Baumeister und der bewirkenden Ursache unseres Seins, wie auch als unserem Herrn und Endzweck, der das ganze Ziel unseres Willens ausmachen muß und allein unser Glück bewirken kann.[47]

---

47 Vgl. *Theodizee*, Vorrede und §§ 134, 278.

Erläuterungen

Leibnitz fügte seinen knapp gehaltenen neunzig Artikeln eine Reihe von Hinweisen bei, die sich sämtlich auf seine *Theodizee* (im folgenden abgekürzt: Th.) beziehen. In unserer Ausgabe stehen diese Hinweise als Fußnoten unter dem Text. Auf Verdeutschung und Abdruck der betreffenden Abschnitte mußte – einige besonders wichtige Stellen ausgenommen – verzichtet werden.

Dagegen habe ich aus der für den Prinzen Eugen abgefaßten Abhandlung *Prinzipien der Natur und der Gnade, auf Vernunft gegründet* (im folgenden abgekürzt: Pr.) zahlreiche Ausführungen in die Erläuterungen aufgenommen.

1. »*Monas* ist ein griechisches Wort, welches die Einheit oder das, was Eins ist, bedeutet« (Pr. 1). – Leibniz gebraucht den Ausdruck »Monade« seit 1696 (an Fardella); er findet sich schon bei Giordano Bruno 1591 und Franz Mercur van Helmont 1685. Aristoteles hat μόνας in Met. Δ 1016 als »das, was in jeder Richtung unteilbar und zugleich ohne Lage ist«, präzisiert und vom Punkt (στιγμή) unterschieden.

Substanz bedeutet in der Philosophie das den wahrnehmbaren Zuständen, Erscheinungen und Wirkungen Zugrundeliegende, den selbständigen Träger von Eigenschaften oder *Akzidenzen*. Während Spinoza die Substanz als unterschiedsloses unendliches Ein-und-Alles denkt, wird sie von Leibniz als unendliche Vielfältigkeit individueller Einzelwesen (= Monaden) gefaßt. Er ist also kein Monist, sondern Pluralist. Ferner lehrt Leibniz: »Die Substanz ist ein der Tätigkeit fähiges Wesen« (Pr. 1). Er ist also Aktivist.

Die Handschrift zeigt, daß Leibniz zuerst begann: »Une *Monade* n'est autre chose qu'une substance simple, qui entre dans les composés. *Simple*, c'est à dire sans parties.« Diese beiden kurzen Sätze enthalten eine kleine Schwierigkeit, die in der möglichen Bedeutung von »entrer dans« liegt –

und das vielleicht schwierigste Problem der *Monadologie* überhaupt. Es ist darauf aufmerksam zu machen, daß »entrer dans« nicht nur das Eintreten, sondern damit auch schon die Zugehörigkeit (gewissermaßen als bestehendes Enthaltensein) besagen kann. Dieser französische Sprachgebrauch rechtfertigt keine Übersetzung, derzufolge das Einfache (= Ungeteilte) in dem Zusammengesetzten (= teilbar bzw. geteilt Auftretenden) enthalten ist.

Damit wird jedoch der Leser von Anfang an in das ganze fertige System der prästabilierten Harmonie integriert, in dem die Monade weder »Fenster« hat noch braucht: in das Ineinander von universalem Beziehungszusammenhang alles Einzelnen und absoluter Individualität der in dem Evangelium der Liebe eigentümlich-einigen Gotteskinder. – War Leibniz selbst von dem, was er einzusehen glaubte, überzeugt? Fichte und Schelling stellten diese Frage und antworteten: Wenn jemals ein Philosoph überzeugt sein konnte, so war er es. So meine ich auch.

Die Handschrift zeigt, daß Leibniz die Worte »qui entre dans les composés« zuerst an den Rand des Bogens schrieb, dann ausstrich und zuletzt wieder neu einfügte. Er wußte, wie schwer es fallen würde, eine Hypothese zu beweisen, die sich dem Empfänglichen allenfalls als annehmbar aufweisen ließ. Aber dann entschied er sich doch für die direkte Mitteilung einfacher Thesen ohne erkenntnistheoretische Präliminarien.

Statt »Une Monade« schrieb er »La Monade« unter Hinzufügung der Worte »dont nous parterons ici«. Wollte er damit zum Ausdruck bringen, daß es sich mehr um die wissenschaftliche Klärung eines Modell-Begriffs als um die Vorstellung eines metaphysischen »Wesens« handelte? Ich habe in meiner Übersetzung die Mehrzahl gewählt, weil sie dem realen Pluralismus der Monadenwelt entspricht. Auch die Beibehaltung des Singulars könnte sich empfehlen, wenn weniger das Einzelwesen als die Individualität jeweils dieses Menschengeistes in den Vordergrund treten soll.

2. »Die Substanz ist *einfach* oder *zusammengesetzt*.« »Die zusammengesetzte Substanz ist die Ansammlung der einfachen Substanzen oder der Monaden.« »Das Zusammengesetzte oder die Körper sind Vielheiten; die einfachen Substanzen, die Lebensprinzipe, die Seelen, die Geister sind Einheiten« (Pr. 1).

Man hüte sich vor einer dualistischen Deutung dieser Sätze! »entrer dans la composition de qc.« heißt: einen notwendigen Teil von etwas ausmachen. Einfaches und Zusammengesetztes – Seelen und Körper – sind nach Leibniz zwar zu unterscheiden, aber nicht voneinander zu trennen, d. h., es kommen in der Welt weder Seelen ohne Körper noch Körper ohne Seelen vor. Nur Gott ist ohne Körper, wie sich in Lehrsatz 72 zeigen wird.

Lehrsatz 2 verrät uns, wie man zum *Begriff des Einfachen* gelangt: nämlich durch Zerlegung des Zusammengesetzten. Solche Zerlegung ergibt zunächst eine Zerstückelung. Das Zusammengesetzte wird als Anhäufung oder Aggregat von kleinsten Partikeln (= Atomen) betrachtet, die sich zwar nicht weiter teilen lassen, aber doch noch Ausdehnung besitzen. Lehrsatz 2 zufolge könnten die einfachen Substanzen, von denen Leibniz spricht, die aus der griechischen Philosophie bekannten Atome sein. (Beiläufig sei angemerkt, daß Kant in § 2 der Ersten Abteilung seiner der Berliner Akademie eingereichten *Untersuchung über die Deutlichkeit der Grundsätze der natürlichen Theologie und der Moral* von 1763 zu dem schon in den Lehrsätzen 1 und 2 ausgesprochenen Grundproblem der *Monadologie* ebenso kurz wie präzis Stellung nahm.)

3. In Lehrsatz 3 tritt der *Unterschied zwischen Monade und Atom* hervor. Das Atom entspricht nicht dem Begriff des Einfachen; denn das Einfache ist dem Geteilten schlechthin entgegengesetzt; wo es aber keine Teile gibt, ist auch keine Ausdehnung mehr möglich.

Die Monade entspricht dem Begriff des Einfachen vollkommen. Sie ist nicht bloß ein tatsächlich nicht mehr weiter teilbares Stück, sondern ohne Ausdehnung und insofern (man könnte sagen: im Unterschied zum »nur wirklichen«) das »wahre« Atom.

Das *Verhältnis des Einfachen zum Zusammengesetzten* muß nun völlig anders gefaßt werden als bei den Atomisten. Bei den Atomisten besteht ein mechanisch-quantitativer Beziehungszusammenhang von Elementar-Partikeln. Bei Leibniz dagegen besteht ein *Ineinander von Zusammengesetztheit und qualitativ bestimmter schlechthinniger Einfachheit.* Dieses Ineinander ist »prästabiliert«, d. h. in der Einrichtung der Welt von Anfang an begründet; es hätte keinen Sinn, danach zu fragen, wie das Einfache in das Zusammengesetzte »eintritt« (deshalb darf auch in Lehrsatz 1 »entrer« nicht mit »eintreten« übersetzt werden). Zusammengesetztes (»Körper«) und Monaden (»einfache Substanzen«, »Lebensprinzipe«, »Seelen«, »Geister«) sind begrifflich zu unterscheiden, aber nirgends tatsächlich zu trennen, zu isolieren und »für sich« zu gewinnen.

Die Monade gleicht einem mathematischen Punkt. Aus unausgedehnten mathematischen Punkten läßt sich keine »Figur« (zum Beispiel ein Dreieck) zusammenstückeln, obwohl in jeder Figur unendlich viele mathematische Punkte enthalten sind. So bildet jede Dreieckseite als *Kontinuum* ein einziges Ganzes, obwohl sie zugleich als unendlich teilbar, d. h. als ein unendlich viele mathematische Punkte (»Grenzen«) enthaltendes *Diskretum* aufgefaßt werden muß. Diesem Ineinander von Kontinuum und Diskretum entspricht das Ineinander von Einfachem und Zusammengesetztem bei Leibniz.

Wenn die Monade auch in ihrer Einfachheit einem mathematischen Punkt gleicht, so ist sie »un être« – während der Punkt nur als Grenze funktioniert, einer wie der andere, alle. Keine Monade ist qualitativ wie die andere – aber als Geister wohnen alle Gotteskinder im Hause des ewigen Vaters. Und das ist kein gleich verteilbarer »Besitz«, sondern das durchweg eigentümliche »Eigentum« jeder individuellen

Menschenseele – wie Schleiermacher wußte und von Leibniz gelernt hatte.

4. Leibniz befaßt sich von nun an lediglich mit den einfachen Substanzen; nur gelegentlich wird ein Seitenblick auf das Zusammengesetzte geworfen, zum Beispiel Lehrsatz 17 bei der Fiktion einer zusammengesetzten Denkmaschine, und Lehrsatz 36, wo von dem Zusammenhang der Gegenstandswelt und von der Zerteilung der Körper die Rede ist. Erst mit dem Lehrsatz 61 wird das Problem des Ineinanders von Zusammengesetztem und Einfachem wieder aufgenommen und als Leib-Seele-Problem seiner endgültigen Lösung zugeführt.

5. *Auf natürliche Weise* bedeutet hier und im vorhergegangenen Lehrsatz: mechanisch durch Bewegung von Teilen. – In Lehrsatz 11 und 22 wird auch die Verknüpfung der Zustände einer einfachen Substanz als *natürlich* bezeichnet. Vgl. die Erläuterung zu Lehrsatz 23.

7. In diesem Lehrsatz wird nachgewiesen, daß ein realer (= mechanischer) *Einfluß einer Monade auf die andere* nicht möglich ist. Später (Lehrsatz 51) wird gezeigt, daß ein idealer (= in der prästabilierten Harmonie begründeter) *Einfluß aller Monaden auf alle* besteht.
Um die »Fensterlosigkeit« der Monaden richtig verstehen zu können, muß man eigentlich schon wissen, daß jede einzelne Monade mehr oder minder deutlich die ganze Welt vorstellt (Lehrsatz 56 ff.).
Jede Monade ist selbständig (»autark«) und von einer gewissen Vollendung, wie Lehrsatz 18 später ausspricht. Es ist also gar nicht notwendig, daß die Monaden von außen, gewissermaßen durch geöffnete Fenster, irgendwelche Bereicherung oder Veränderung erfahren.
Unser Lehrsatz 7 zeigt zunächst nur, daß ein solcher Eintritt oder Eingriff von außen nicht möglich ist. Um »innen« aufgeregt werden zu können, müßte die Monade zusam-

mengesetzt sein; es müßte in ihr etwa so aussehen wie in der in Lehrsatz 17 fingierten Mühle. Die Aufregung und Veränderung würde dann in einer Umstellung oder Versetzung einzelner Teile bestehen. Da aber jede Monade schlechthin einfach und überhaupt nicht aus Teilen zusammengesetzt ist, kann eine mechanische Bewegung in ihr unmöglich stattfinden. Ebenso unmöglich ist eine Vermehrung oder Verminderung ihres Besitzes; denn dieser Besitz ist gar nicht quantitativer Natur.

Es liegt die Frage nahe, ob denn nicht doch bei der sinnlichen Wahrnehmung ein Reiz auf die Monade ausgeübt werde bzw. etwas von außen in die Seele eintrete. Mit diesem speziell erkenntnistheoretischen Problemkomplex hat sich Leibniz in seinen *Neuen Versuchen über den menschlichen Verstand* ausführlich auseinandergesetzt. In der *Monadologie* gibt er nur gelegentliche Hinweise. Eine solche Randnotiz ist in Lehrsatz 7 die Ablehnung der scholastischen Lehre, daß sich bei der Wahrnehmung unstoffliche Bilder (*spezies sensibiles*) von den Dingen ablösen und in die Seele hinüberwandern.

8. *Das Sein der Monaden ist* zwar nicht quantitativ, wohl aber *qualitativ bestimmt.*

Nach dem ersten Satz fuhr Leibniz ursprünglich fort: »Und wenn die einfachen Substanzen nichts wären, würde auch das Zusammengesetzte in nichts zusammenfallen.« Der Satz »Die zusammengesetzte Substanz ist die Ansammlung der einfachen Substanzen oder der Monaden« (Pr. 1) ist also dahin zu deuten, daß die Möglichkeit einer Ansammlung von einfachen Substanzen auf der qualitativen Verschiedenheit beruht.

Nähere Ausführungen über die qualitative Verschiedenheit aller Monaden macht Leibniz in Lehrsatz 8 noch nicht. Es empfiehlt sich jedoch schon hier darauf hinzuweisen, daß sich diese qualitative Verschiedenheit oder Individualität der Monade als *Selbsterhaltung* (also dynamisch) äußert und (vgl. Lehrsatz 42) an der »natürlichen Trägheit« (*vis inertiae*) der Körper aufgezeigt werden kann. Diese »natürliche Trägheit« *wirkt* in jeder Monade (Gott ausgenommen) als »materia prima« und läßt sie körperlich *erscheinen*. Die Monaden unterscheiden sich also qualitativ durch den jeweiligen Grad ihrer Unvollkommenheit, d. i. durch ihre *leidende Kraft* – und dieses ihrem *aktiven Streben* entgegenwirkende Trägheitsprinzip ist es auch, was das Zusammengesetzte konstituiert. Es ist notwendig; denn die Aktivität der Substanz ist nur auf Grund einer *Kräftespannung* möglich.

Hätte Leibniz die Monade nur als ein »Modell« betrachtet, welches zum philosophischen Verständnis des Fundamentalgefüges unserer Menschenwelt dienen soll, so würde die Feststellung eines prästabilierten Ineinander von Zusammengesetztsein und Einfachheit genügen. Er war aber Metaphysiker, d. h., seine Monade sollte nicht nur etwas »bedeuten«, sondern sie prätendierte ihrem Begriff entsprechend zu »existieren«. Dieser (von Kant »kritisierte«) metaphysische Anspruch zwang Leibniz, das quantitativ-gedachte Zusammengesetztsein und die qualitativ-gesetzte Einfachheit auf einer und derselben rationalen Ebene zu vermitteln. Er bediente sich dabei seiner dynamischen Grundbegriffe. Hundert Jahre später versuchte der Metaphysiker Hegel das nämliche Problem dialektisch zu lösen.

Die Wendung »le plein étant supposé« wird von den meisten Übersetzern durch »unter der Voraussetzung der durchgängigen Erfüllung des Raums« oder »vorausgesetzt, daß es keinen leeren Raum gibt« wiedergegeben. Dem Sinne nach ist das richtig, doch scheint mir bemerkenswert, daß Leibniz hier nicht einmal das Wort *Raum* (*espace*) gebraucht. Im Unterschied zu Newton, der in Übereinstimmung mit der gang und gäben Auffassung den »Raum« für leer hält und die Körper sich darin befinden läßt gleichwie in einem Behälter, leugnet Leibniz das Absolut-Leere. Das Universum ist seiner Überzeugung nach vollständig erfüllt, und der sogenannte Raum überhaupt nichts anderes als das für sich genommene Phänomen der Beziehungen, in welchem sich sämtliche Körper untereinander befinden. Mit den Körpern würde also auch der Raum verschwinden und nicht etwa als ihre »leere Stätte« übrigbleiben. – Auch mit Descartes kann sich Leibniz in bezug auf das Raumproblem nicht einverstanden erklären. Descartes führte den Körper auf die Ausdehnung zurück; Leibniz dagegen umgekehrt die Ausdehnung auf den Körper. In dem Dialog *Kritik der philosophischen Prinzipien des Malebranche* (1711) hat er sich mit besonderer Klarheit darüber geäußert: »Ich bleibe bei meiner Behauptung, daß die Ausdehnung eine bloße Abstraktion ist, und daß sie, um erklärt zu werden, etwas verlangt, was ausgedehnt ist.« »Es ist im Körper etwas, was aller Ausdehnung vorangeht [...] die Verbreitung [*diffusion*] der Antitypie oder Materialität.« Diese Antitypie »enthält den Grund der Undurchdringlichkeit des Körpers« und ist nichts anderes als jene leidende Kraft oder *materia prima*, welche durch ihre Betätigung die Körperlichkeit und damit die sogenannte Raumerfüllung erscheinen läßt. In diesem Sinne bezeichnet Leibniz den Raum als »phaenomenon bene fundatum«.

Vereinfachend könnte man sagen: »Körper« fängt allenthalben an, wo die Aktivität der Monade (ihre »Strahlkraft«; vgl. die Erläuterung zu Lehrsatz 49) an eine Grenze gelangt und »Undurchdringlichkeit« erfährt.

9. In diesem Lehrsatz spricht Leibniz das *Individualitätsprinzip* aus: Keine Monade ist wie die andere, in der Welt ist alles einzig und individuell. Dieser an sich irrationalen Individualität entspricht die Unmöglichkeit, jemals zwei Wesen zu finden, die sich nicht rational unterscheiden und als verschieden erkennen ließen. In dieser Formulierung wird das Individualitätsprinzip zum *Indiszernibilienprinzip* (Pr.: *identitatis indiscernibilium*, Satz der Identität des Ununterscheidbaren, womit zugleich gesagt ist, daß alles qualitativ Unterschiedene auch real verschieden sei und umgekehrt. Beispiel: Wenn zwei Eier nicht doch zu unterscheiden wären, wären sie identisch, d. i. bloß ein einziges).

Strenggenommen beruht Individualität auf der (dem Grade ihrer Unvollkommenheit entsprechenden) »leidenden Kraft« jeder Monade; ohne diese *vis inertiae* würden alle vollkommen und ununterscheidbar (= Gott) sein.

Der französische Ausdruck »dénomination intrinsèque« (»innere Bestimmung« im Unterschied zu den Bestimmungen, welche sich aus den Beziehungen zu Äußerem und Fremdem ergeben) gehört zur Terminologie der *Logik von Port Royal* (1662), einem Hauptwerk des Cartesianismus.

10. Daß sich jede Monade unaufhörlich *verändert*, macht ihr Leben aus. Sie ist in der Tat »geprägte Form, die lebend sich entwickelt« (Goethe).

Die *Stetigkeit* aller Veränderungen folgt aus dem *Kontinuitätsprinzip*, das bei Leibniz nicht nur in der Mathematik (wo es ihn zur Differentialrechnung führte), sondern auch in der Metaphysik gilt. Das Universum ist durchgängig erfüllt, es gibt nirgends eine Lücke und Leere; alle Wesen sind stetig miteinander verbunden (vgl. Lehrsatz 61). In der Natur geschieht alles gradweise, aber ohne die geringste Unterbrechung und ohne den kleinsten Sprung. Das Kontinuitätsprinzip fließt aus dem Gesetz der Ordnung, wonach die Dinge, je weiter wir sie gedanklich zerlegen, um so mehr dem Verstande Genüge leisten; Sprünge würden zu Unauflöslichem führen. – Auch gegen die Seelenwanderung (Metempsychose) spricht nach Leibniz das Kontinuitätsprinzip. Vgl. seinen Brief an Remond vom 11. Februar 1715 (Ausgabe C. I. Gerhardt, Bd. 3, Berlin 1887, S. 634).

11. Ursprünglich hatte Leibniz diesem Lehrsatz einen weiteren folgen lassen, in welchem er das *innere Prinzip* der Veränderungen (Modifikationen) der Monaden als »Kraft« (*force*) bezeichnete.

12. Leibniz schreibt, daß es außer dem »principe du changement« noch *»un détail de ce qui change«* geben müsse, welches gewissermaßen die »spécification« und die »va-

riété« der einfachen Substanzen bewirke. Diese Stelle ist schon recht verschieden gedeutet worden.

Heinrich Köhler (1720) übersetzte: »Es muß [...] noch *etwas mehreres, welches voneinander unterschieden ist und sich verändert*, in einer Monade angetroffen werden, wodurch [...] die verschiedenen und mannigfaltigen Arten der einfachen Substanzen entstehen.«

Caspar Jacob Huth (1740): *»noch etwas mehreres, das die Veränderung sich vorbildet«.*

Gustav Schilling (1846): *»ein Mannigfaltiges dessen, was sich verändert«.*

Robert Habs (1883): *»ein Einzelnes der Veränderung«.* Dazu die Erläuterung: »d. h. eine Mehrheit von Vorstellungen, die man in Gedanken sehr wohl voneinander trennen kann. Daraus erhellt, daß auch die Monaden nur relativ einfach sind, d. h. einfach in bezug auf die aus ihnen zusammengesetzten Dinge, zusammengesetzt aber in bezug auf ihre Eigenschaften, das Begehren und das Vorstellen, die ihr Wesen ausmachen.«

Buchenau-Cassirer (1906): »Außer dem Prinzip der Veränderung bedarf es aber einer *besondren Eigenart des sich verändernden Subjekts*, wodurch sozusagen die Besonderung und die Mannigfaltigkeit der einfachen Substanzen bewirkt wird.«

Gerhard Krüger (1933): *»eine Besonderheit dessen, was sich da verändert«.*

Hans Heinz Holz (1965): *»eine Besonderheit dessen, das sich verändert«.*

Ich möchte dazu bemerken, daß der Gebrauch des Worts »détail« an mehreren anderen Stellen der *Monadologie* zunächst den älteren Übersetzern recht zu geben scheint. Das Wort bedeutet in der Tat fast überall »ein Mannigfaltiges«. Nun beginnt aber der folgende Lehrsatz: »*Ce détail* doit envelopper une multitude dans l'unité ou dans le simple.« Weil diese Erläuterung die Mannigfaltigkeit erst ausdrücklich herausarbeitet, scheint es mir angemessen, in Lehrsatz 12 bei der Übersetzung von »détail« mehr die Einheit zu betonen. Dieser Auffassung scheinen auch sämtliche neueren Übersetzer zu sein.

Daß sich Buchenau-Cassirer mit ihrer Einschmuggelung des neukantischen Subjekt-Begriffs den Grenzen einer gerade noch erlaubten Ausdeutung bedenklich nähern, liegt auf der Hand. Leider hat Kuno Fischer, dessen Auffassung sich sonst mit der meinigen deckt, auch schon vom »Subjekt der Veränderung« gesprochen, obwohl er »das veränderliche Individuum« meint (vgl. die 5. Auflage seines *Leibniz*-Bandes, Heidelberg 1920, S. 411). G. Krüger und H. H. Holz, die von »einer *Besonderheit*« sprechen, befinden sich wohl auf dem richtigen Wege.

Mein Verdeutschungsversuch läßt absichtlich die doppelte Auffassung »eine Besonderheit dessen, was sich ändert« und »eine Besonderheit dessen, was die Veränderung hervorbringt« zu. Ich bin nämlich der Überzeugung, daß Leibniz im Grunde beides meint und daß in letzter Hinsicht in der »Besonderheit des Wechselnden« die *durchgängige Individualität* zum Ausdruck gelangt, die schon jeder »bloßen« Monade zukommt und keineswegs erst dem sich als Subjekt dem Objekt gegenüberstellenden reflektierenden Verstand.

Die Erläuterung von R. Habs verrät eine einseitig mechanistische Denkweise. Damit kommt man an die eigentlichen Leibniz-Probleme nicht heran.

13. »Die Einfachheit der Substanz hindert nicht die Vielheit der Modifikationen (Regungen), die sich in einer und derselben einfachen Substanz zugleich finden müssen«. »Ebenso finden sich in einem Zentrum oder Punkt trotz seiner Einfachheit doch eine unendliche Menge von Winkeln, die von den in ihm zusammenlaufenden Linien gebildet werden« (Pr. 2).

14. »Man tut wohl daran, wenn man unterscheidet zwischen der *Perzeption*, welches der innere Zustand der die Außendinge vorstellenden Monade ist, und der *Apperzeption*, was die Bewußtheit der Vorstellung oder das auf sich

zurückgebogene reflexive Wissen dieses inneren Zustandes ist. Apperzeption ist nicht allen Seelen, noch auch einer und derselben Seele fortwährend gegeben« (Pr. 4). – »Perzeption« wird vielfach mit »Vorstellung« übersetzt; dafür gebraucht aber Leibniz auch das Wort *Repräsentation.* Er versteht unter der Perzeption jede Repräsentation (Darstellung) des Zusammengesetzten oder des Äußeren in dem Einfachen (vgl. Pr. 2) – und faßt also den Perzeptionsbegriff sehr viel allgemeiner, als dies etwa in der Psychologie des 19. Jahrhunderts geschieht. Auf die Apperzeption kommt Leibniz noch einmal in Lehrsatz 19 und 23 zu sprechen, leider ohne den Terminus als solchen zu wiederholen.

Descartes und seine Schüler (die *Cartesianer*) nahmen zwei geschaffene Substanzen an: Denken und Ausdehnung. Unter dem Denken verstanden sie lediglich die bewußte Cogitatio; da dem Tier eine solche fehlt, sprachen sie ihm auch keine Seele zu. Leibniz lehnt das dualistische Verhältnis zwischen Seele und Leib grundsätzlich ab; er findet, daß dieses »scholastische Vorurteil« sowohl einem verstiegenen Spiritualismus (»Genien ohne Körper«; vgl. Lehrsatz 72) wie einem krassen Materialismus (»Sterblichkeit der Seelen«) Vorschub leistet. Seine Ansicht über die gang und gäbe Verwechslung einer »langdauernden Betäubung« mit »Tod im strengen Sinne« wird in Lehrsatz 21 näher begründet und in den Lehrsätzen 73, 76 und 77 wiederholt. Das Wort »Entelechie« erklärt Leibniz in Lehrsatz 18.

15. »Eine Monade kann an sich selbst und im Augenblick von einer andern nur durch die innern Beschaffenheiten (Qualitäten) und Tätigkeiten (Aktionen) unterschieden werden. Diese können nichts anderes sein als ihre *Perzeptionen und* ihre *Begehrungen* [*appétitions*], d. h. ihre Strebungen [*tendances*] von einer Perzeption zur andern. Perzeptionen und Begehrungen sind die Prinzipien der *Veränderung*« (Pr. 2; vgl. Lehrsatz 10). In Lehrsatz 60 führt Leibniz weiter aus, daß jede Monade nach dem Unendlichen und Gan-

zen strebt, davon aber immer nur so viel erreicht, als sie *deutlich* (*distincte*, das eine vom andern unterscheidend) zu perzipieren imstande ist.

16. Ein schlechterdings Einzelnes für sich allein zu perzipieren ist unmöglich; selbst in der scheinbar einfachsten Vorstellung läßt sich immer schon eine Mannigfaltigkeit unterscheiden; nichtsdestoweniger ist die Perzeption als solche einfach und nicht etwa (wie der folgende Lehrsatz zeigt) als mechanisches Ineinandergreifen verschiedener Teile zu erklären. Es gelangt vielmehr bei jeder Perzeption ein *Zusammengesetztes* oder Körperlich-Erscheinendes (Leibhaftig-Erscheinendes; vgl. die Erläuterung zu Lehrsatz 62) in der Einfachheit der *Monade* zur Darstellung oder Repräsentation.

Pierre Bayle (1647–1706) hatte sich in seinem *Historisch-Kritischen Lexikon* (1695/97; ²1702) in skeptisch-aufklärerischer Weise mit dem System der prästabilierten Harmonie auseinandergesetzt. Leibniz antwortete wiederholt auf seine Einwände; am ausführlichsten in der 1710 erschienenen *Theodizee*.

Hieronymus Rorarius, Nuntius Papst Clemens' VII. am Hofe Ferdinands von Ungarn, hatte um 1547 eine Abhandlung geschrieben, in welcher er nachzuweisen suchte, daß sich die Tiere eines besseren Vernunftgebrauchs erfreuten als der Mensch. Dieses Paradoxon untersuchte Bayle in seinem Wörterbuch, und bei dieser Gelegenheit kam er auch auf Descartes und Leibniz zu sprechen.

18. Das Wort *Entelechie* stammt von Aristoteles und bedeutet bei diesem (nach der Auffassung von Leibniz) die Seele, insofern sie das Prinzip der Vollendung des Möglichen in dauernder Aktivität verwirklicht. Leibniz nennt die Monaden Entelechien, weil sie aus eigener Kraft ihre Zustände entwickeln und in ihrer Selbständigkeit und individuellen Vollkommenheit gewissermaßen je einen Mikrokosmos darstellen. – Ich erinnere daran, daß schon Heraklit

gesagt hatte: »Der Seele Grenzen kannst du nicht ausfin-
den, und wenn du jegliche Straße abschrittest, so einen
tiefen Grund hat sie. Es ist ihr ein Grund eigen, der sich
selbst vermehrt.«
Bei dem Vergleich mit einem *Automaten* darf man nur an
die Bewegung aus sich selbst denken. Die Monade ist weder
körperlich noch ein Mechanismus.

20. Die Monaden perzipieren unaufhörlich. In der Ohnmacht oder in tiefem traumlosem Schlaf befindet sich sogar
unsere »herrschende« Entelechie (vgl. Lehrsatz 70) auf der
Stufe einer »bloßen« Monade.

21. Die Monade kann nicht fortbestehen ohne irgendwelche
Regung (*affection*), d. h. ohne sich dauernd zu modifizie-
ren. Vgl. Lehrsatz 10.
Die *kleinen Perzeptionen* (*petites perceptions*) spielen selbstverständlich nicht nur bei Betäubung, Schwindel, Ohnmacht
und Tod eine Rolle, sondern es ist stets eine zahllose Menge
solcher »verworrener Vorstellungen« in der Seele »ange-
häuft oder besser konzentriert« (Th. § 403). Man mache
sich klar, daß es in dem Mikrokosmos unseres eigenen Leibes Unzähliges gibt, wovon uns jede deutliche Vorstellung
fehlt und das doch mit »uns« zusammenhängt, obwohl wir
so wenig davon wissen wie von der uns abgekehrten Seite
des Mondes! In bezug auf diese Regionen sind wir ohnmächtig, ja gewissermaßen »tot« – obwohl unsere Perzeptionen in verworrenster Weise doch bis dahin reichen. Vgl.
die Erläuterung zu Lehrsatz 62.

22. »Le présent est gros de l'avenir« ist ein Lieblingssatz
von Leibniz, der sich zum Beispiel auch Th. § 360 und
Pr. 13 findet.

23. Die Verknüpfung der Zustände einer einfachen Substanz wird in Lehrsatz 22 als »natürlich« (*naturellement*)
bezeichnet. Jetzt heißt es, daß eine Bewegung (*mouvement*)

natürlicherweise nur aus einer anderen Bewegung entstehen kann. Hier stoßen wir wieder auf das schwer zu begreifende *Ineinander von Zusammengesetztheit und qualitativ bestimmter schlechthinniger Einfachheit* (vgl. die Erläuterungen zu Lehrsatz 3, 5 und 8). Der Wechsel (*changement*) der Zustände entspricht (*symbolise avec*; vgl. Lehrsatz 61) dem Mechanismus der Bewegungen, insofern »der innere Zustand der einfachen Monade die zusammengesetzten Außendinge vorstellt«, d. i. perzipierend repräsentiert (vgl. Pr. 4). Das »Reich der Natur« und das »Reich der Gnade« *harmonieren!*
Daß die Worte »innen« und »außen« stets problematisch bleiben, kann Leibniz unmöglich entgangen sein. Ihr Gebrauch ist gewissermaßen symbolisch. Vgl. Lehrsatz 61 (»symboliser«) und die Erläuterung zu Lehrsatz 49.

24. Dieser Lehrsatz ist vielfach falsch übersetzt worden. Leibniz will nicht sagen, daß die menschliche Seele einen höheren und kultivierteren Geschmack bei ihren Perzeptionen entwickelt, sondern daß sie fähig ist: etwas *Bestimmtes*, das sich *unterscheidet*, das aus dem Unbestimmten *hervorsticht* oder von dem (wie von einem Wildbret, das *»haut goût«* hat) ein kräftiger Reiz ausgeht, klar und deutlich zu erfassen. Ohne so etwas Bestimmtes deutlich zu perzipieren, würden wir im Zustande der Betäubung sein wie die *»monades tutes nues«*.

25. »Es gibt nicht nur überall Leben, das an Glieder oder *Organe* gebunden ist, sondern sogar eine unendliche Menge von Stufen unter den Monaden, indem die einen mehr oder weniger über die anderen herrschen [vgl. Lehrsatz 52]. Aber wenn die Monade so passende Organe hat, daß vermittels derselben eine Hervorhebung und deutliche Unterscheidung in den Eindrücken, die sie empfangen, eintritt – folglich auch in den Perzeptionen, wodurch sie repräsentiert werden (wie wenn zum Beispiel vermittels der Gestalt der Augenfeuchtigkeiten die Lichtstrahlen konzentriert werden und

mit mehr Kraft wirken) –, so kann dies bis zum Gedanken gehen, d. h. bis zu einer von Gedächtnis begleiteten Perzeption, von der ein gewisses Echo lange Zeit zurückbleibt, um sich bei Gelegenheit hören zu lassen. Ein solches Lebendige heißt Tier und seine Monade eine Seele« (Pr. 4).

Die Vorgänge in der *Seele* repräsentieren das, was in den *Organen* geschieht. Vgl. Lehrsatz 78 bis 81.

26. Die Tiere haben *Gedächtnis und folglich Seele*. Vgl. Lehrsatz 19. – »Es gibt unter den Perzeptionen der Tiere eine Verbindung [*liaison*], welche einige Ähnlichkeit mit der Vernunft hat. Allein sie ist nur in dem *Gedächtnis der Tatsachen oder Wirkungen* und keineswegs in der *Erkenntnis der Ursachen* begründet« (Pr. 5). Die moderne Psychologie spricht von Ideen-Assoziation. *Vernunft* bedeutet begriffliche Erkenntnis.

28. Der Hinweis auf die *empirischen Ärzte* soll wohl nicht nur die ohne exakte naturwissenschaftliche Ausbildung arbeitenden Heilpraktiker treffen, sondern an die »empirische Schule« in der griechischen Medizin erinnern, deren Methodenlehre auch auf die Philosophie einwirkte und sich insbesondere als »von grundlegender Bedeutung für die Erfahrungstheorie der griechischen Skepsis« (E. Cassirer) erwies. – In der neueren Philosophie spielt die Unterscheidung einer nur im Gedächtnis der Tatsachen wurzelnden Verknüpfung von der eigentlichen Erkenntnis kausaler Zusammenhänge eine entscheidende Rolle bei Kant, der hier wieder an Leibniz anknüpfte und den kritischen Empirismus Humes überwand.

29. Unter Geist (*esprit*) versteht Leibniz also eine vernünftige Seele (*âme raisonnable*), und unter *Vernunft* (*raison*) nicht nur »ganz allgemein die Fähigkeit, schlecht und recht zu räsonieren« (vgl. Lehrsatz 26 und Th., Einleitung § 65), sondern die Befähigung zur Erkenntnis der *notwendigen* Wahrheiten in wissenschaftlich-systematischem Zusammenhang.

30. Voraussetzung der *Reflexion*, die uns den Gedanken
»Ich« fassen läßt, ist die *Apperzeption* und die mit ihr ver-
bundene *Abstraktion*; denn wir können nichts Bestimmtes
deutlich apperzipieren, ohne von anderem zu abstrahieren.
Mit der Abstraktion beherrschen wir auch die *Negation*,
welche uns zusammen mit der Reflexion die Gedanken
eines Nicht-Zusammengesetzten (»Einfachen«), Un-Stoff-
lichen und Un-Beschränkten (»Gott«) bilden läßt.
»Das vernünftige Denken hängt von den notwendigen oder
ewigen Wahrheiten ab, wie es die der Logik, der Zahlen,
der Geometrie sind, welche die Verbindung [*connexion*]
der Ideen unzweifelhaft und die Folgerungen unfehlbar
machen. Die lebenden Wesen, in denen diese Folgerungen
sich nicht zeigen, heißen Tiere; kennen sie aber diese notwendigen Wahrheiten, so sind es eigentlich sogenannte vernünftige lebende Wesen, und ihre Seelen heißen Geister.
Diese Seelen sind der reflexiven Tätigkeiten und der Betrachtung dessen fähig, was man Ich, Substanz, Monade,
Seele, Geist nennt, kurz, der immateriellen Dinge und Wahrheiten« (Pr. 5).

31. Das *Prinzip des Widerspruchs* (*principium contradic-
tionis*) wird auch folgendermaßen formuliert: »A ist nicht
Nicht-A.« »Ein und derselbe Begriff kann nicht das nämliche zugleich sein und nicht sein.« »Von zwei entgegengesetzten Behauptungen muß die eine wahr, die andere
falsch sein« (Satz vom ausgeschlossenen Dritten).

32. Das *Prinzip des zureichenden Grundes* (*principium ra-
tionis sufficientis*) wird auch folgendermaßen formuliert:
»Alle unsere Vorstellungen stehen untereinander in einer
gesetzmäßigen und der Form nach a priori bestimmbaren
Verbindung, vermöge welcher nichts für sich Bestehendes
und Unabhängiges, auch nichts Einzelnes und Abgerissenes
Objekt für uns werden kann« (Schopenhauer).
In der Fassung des Lehrsatzes 32 ist der Unterschied zwischen einem tatsächlichen Verhältnis von Ursache und Wir-

kung (eine Tatsache ist oder existiert aus Ursachen) und
dem gedanklichen Verhältnis von Grund und Folge (unsere
Erwägungen oder Aussagen sind nur wahr, wenn sie begründet
werden können) angedeutet, doch hat Leibniz dieses
Problem noch nicht genauer untersucht. Vgl. Schopenhauer,
*Über die vierfache Wurzel des Satzes vom zureichenden
Grunde* (1813).

33. Die *Vernunftwahrheiten* (*vérités de raisonnement*) beruhen auf dem Wesen oder dem Essentiellen, d. i. auf der
Möglichkeit (*possibilitas*). Die *Tatsachenwahrheiten* (*vérités de fait*) beruhen auf der wirklichen (aktuellen) Existenz.
– Als Beispiel für eine Vernunftwahrheit führt Leibniz Th.
§ 174 an: »Der Halbkreis kann nur rechte Winkel enthalten; denn Euklid hat bewiesen, daß alle durch zwei Geraden eingeschlossenen Winkel, die von den Endpunkten des
Durchmessers zu einem Punkte der Peripherie gezogen werden, rechte sein müssen und daß das Gegenteil einen Widerspruch einschließt.« Eine Tatsachenwahrheit wäre: »Mar-
burg ist eine Universitätsstadt.«

34. Leibniz unterscheidet die *theoretischen Lehrsätze* (*théo-
rèmes de spéculation*), die auf bloßer Betrachtung des Ver-
standes beruhen, von den *praktischen Regeln* (*canons de
pratique*), die zur Auflösung von Aufgaben dienen.

35. Daß die *identischen Aussagen* keineswegs wertlos sind,
zeigte Leibniz in seinen gegen Locke gerichteten *Neuen
Versuchen über den menschlichen Verstand* im 8. Kapitel
des IV. Buches: »Von den inhaltsleeren Sätzen«.

36. Das Prinzip des zureichenden Grundes gilt für sämtliche Tatsachenwahrheiten, aber auch für alle Vernunftwahrheiten mit Ausnahme der elementaren Prinzipien und
der identischen Sätze.
Die Unterscheidung der *bewirkenden Ursachen* (causae efficientes) von den *Endursachen* oder *Zwecken* (causae fina-

les) ist von großer Bedeutung. An anderer Stelle bemerkt Leibniz dazu folgendes: »Die Perzeptionen in der Monade entstehen auseinander nach den Gesetzen der Begehrungen oder der Endursachen des Guten und des Bösen [*causes finales du bien et du mal*], welche in der Ordnung oder Unordnung der wahrnehmbaren Perzeptionen bestehen. Die Veränderungen der Körper und die äußeren Erscheinungen entstehen auseinander nach den Gesetzen der wirkenden Ursachen [*causes efficientes*], d. h. der Bewegungen« (Pr. 3). »Es ist überraschend, daß man durch die bloße Betrachtung der wirkenden Ursachen oder der Materie von den Gesetzen der Bewegung den Grund nicht angeben kann. Ich habe gefunden, daß man hierbei auf die Endursachen zurückkommen muß und daß diese Gesetze nicht vom *Prinzip der Notwendigkeit* abhängen (wie die logischen, arithmetischen und geometrischen Wahrheiten), sondern vom *Prinzip der Angemessenheit*, d. h. von der Wahl der Weisheit« (Pr. 11).

Bei der Begründung von Tatsachenwahrheiten geht die Analyse jedenfalls ins Unendliche, ganz einerlei, ob es sich um die Verfolgung von reinen Kausalzusammenhängen oder von Finalgründen handelt.

37. Nach Leibniz ist die »radix contingentiae« (Wurzel der *Zufälligkeit*) der Tatsachen der »progressus in infinitum« (das Fortgehen ins Unendliche), der bei der Erklärung einer Tatsache aus anderen schließlich zu Gott führt.

38. »*Eminenter*« bedeutet einen noch höheren Grad von Seinsfülle als »realiter« oder »actualiter«. Descartes und Leibniz gebrauchen den ursprünglich scholastischen Ausdruck, um anzudeuten, daß in der Ursache – der Kraft nach – alle Wirkungen enthalten sind.

40. Die höchste Substanz (Gott) ist *»une suite simple de l'être possible«*. Leibniz schließt auf Gottes Existenz aus dem Begriff des vollkommensten Wesens, sofern die Mög-

lichkeit dieses Begriffes feststeht und ein zureichender Grund vorhanden ist. Vgl. Lehrsatz 45.

Als allgemein (*universelle*) wird die höchste Substanz bezeichnet, insofern sie die zureichende Grundlage für alle Existenzen darstellt.

41. *Gott* ist nach Leibniz die höchste herrschende (vgl. Lehrsatz 70) Monade oder Ur-Monade (Lehrsatz 47), deren Vollkommenheit eine absolut unendliche positive Realität ausmacht. Gott entbehrt also nicht nur des Körpers (Lehrsatz 72), sondern sogar der *materia prima* (vgl. die Erläuterungen zu Lehrsatz 8), auf welcher die Spannkraft aller anderen Monaden beruht.

Man kann darin – daß Gott die höchste Monade sein soll und gleichwohl die wesentlichste Eigenschaft aller Monaden (die individuelle Begrenzung der Deutlichkeit ihrer Perzeptionskraft) nicht besitzt – einen Widerspruch erblicken. Jakob Böhme und später Schelling hatten auch in Gott einen »dunklen Grund« angenommen und waren dementsprechend auch zu einer anderen Auffassung von dem »Bösen« gelangt als Leibniz in seiner *Theodizee*. Leibniz erblickt in dem Bösen lediglich die Abwesenheit des Guten, wie in dem Schatten (vgl. Th. § 32) die Abwesenheit des Lichts und in der Kälte die Abwesenheit der Wärme. Es gibt seiner Ansicht nach kein *principium maleficum*. »Das Übel bedarf dessen ebensowenig, ja noch weniger als Kälte und Finsternis: es gibt kein primum frigidum und kein Prinzip der Finsternis. *Das Übel stammt allein aus Privation* (= *Kraftberaubung*).« Vgl. Th. § 153.

42. Vgl. meine Erläuterung zu Lehrsatz 8 (»Antitypie«) und die Ausführungen, welche Leibniz selbst Th. § 30 und § 380 über die *»natürliche Trägheit der Körper«* machte. Es handelt sich hier stets um die sogenannte *materia prima*, also nicht um die Materie im gewöhnlichen stofflichen Sinne (= *materia secunda*). Th. § 335 erklärt Leibniz ausdrücklich, daß die Unvollkommenheit der Geschöpfe und über-

haupt das Übel nicht etwa grundsätzlich auf die Unvollkommenheit der Materie (= Stoff) geschoben werden dürfe. Er sagt wörtlich: »Die Materie ist an sich indifferent gegen alle Formen, und außerdem hat Gott sie geschaffen. Das Übel entstammt eher den *Formen* selbst, jedoch den *abstrakten* Formen, d. h., es entstammt den Ideen, die Gott nicht durch einen Willensakt erzeugt hat, so wenig wie die Zahlen und Figuren, so wenig wie (mit einem Worte) alle möglichen Wesenheiten, die für ewig und notwendig gelten müssen; denn ihre Stätte ist in der *idealen Region der Möglichkeiten*, d. h. im göttlichen Verstande. Gott ist also keineswegs der Schöpfer der Wesenheiten, solange sie bloße Möglichkeiten sind; aber nichts Wirkliches gibt es, das er nicht bestimmt und dem er keine Existenz verliehen hätte: er hat das Übel zugelassen, weil es in dem besten Plan enthalten ist, der sich in der Region der Möglichkeiten finden ließ und den die höchste Weisheit erwählen mußte. *Diese Vorstellung tut gleichzeitig der Weisheit, der Allmacht und der Güte Gottes Genüge und läßt dem Übel Raum.*«

43. Die *Essenz* ist nach scholastischer Auffassung die abstrakte Wesenheit, welche dem Ding das Sein verleiht; sie wird vom Intellekt erfaßt. Bei Leibniz ist Essenz oder Wesen die in der Vernunft begründete ewige Bedingung des Daseins oder der Existenz eines Dinges, also die *Möglichkeit.* – Die Scholastiker unterschieden ferner zwischen einer formalen und einer *reellen* Möglichkeit. Die formale Möglichkeit kommt allen Dingen zu, deren Inhalt keinen Widerspruch enthält (z. B. auch: Pegasus), die reelle Möglichkeit nur solchen, die wirklich zum Dasein gelangen (z. B. Pferd, Flügel). Die Vorstellung des Pegasus ist also zwar nur formal möglich; sie enthält jedoch auch reelle Möglichkeiten.

44. Leibniz beweist hier Gott aus der Realität der ewigen Wahrheiten, die in einem Existierenden und Aktuellen (Wirklichen) gegründet sein muß. – In Gott schließt die

Essenz die Existenz in sich = die Wirklichkeit Gottes ist eine einfache Folge seiner Möglichkeit (Lehrsatz 40).

45. Hier faßt Leibniz seine *Gottesbeweise* noch einmal zusammen. Der Beweis a posteriori (= auf Empirie, Erfahrung ruhende Beweis) war Lehrsatz 37 ff. geliefert worden. A priori bedeutete bei Leibniz soviel wie: aus Begriffen abgeleitet.

46. Über den Unterschied der zufälligen Wahrheiten und der ewigen oder notwendigen Wahrheiten vgl. Lehrsatz 33.
Man könnte meinen, daß die Aufstellung der ewigen Wahrheiten im Belieben der *göttlichen Allmacht* gelegen hätte. Dies war jedoch nicht der Fall, da ja Gott nicht bloß allmächtig, sondern auch *allweise* ist. Seine Allweisheit ließ ihn sofort die Notwendigkeit der ewigen Wahrheiten erkennen. Die zufälligen Wahrheiten entsprechen Gottes *Allgüte*.
Pierre Poiret (1646–1719) war ursprünglich Anhänger des Descartes, später Mystiker und Theosoph.

47. Die Gottheit produziert unaufhörlich und in kontinuierlichem Strome Monaden, ungefähr so, wie wir Gedanken produzieren. Leibniz spricht von »*fulgurations* continuelles de moment à moment«. – Daß die (unendliche) Anzahl der Monaden durch die unaufhörlichen »Ausblitzungen« nicht vermehrt wird, sei angedeutet.

48. Der Allmacht Gottes entspricht unsere individuelle Selbsterhaltung, der Allerkenntnis (Allwissenheit und Allweisheit) Gottes unser Perzipieren und Apperzipieren, der Allgütigkeit Gottes unser Begehren, das nur insoweit kein »guter Wille« ist, als wir unsere wahren Ziele nur unklar und verworren perzipieren.
Hermolaus Barbarus (1454–1493) war ein als Aristoteles-Übersetzer berühmter venezianischer Humanist. Er soll den

Teufel zitiert und nach dem Sinn des Wortes »Entelechie« gefragt haben. Th. § 87 erwähnt Leibniz diese Geschichte.

49. Man kann sich die Monaden als *Strahlkräfte* vorstellen, welche von einem immateriellen und schlechterdings einfachen Kern ausgehen und deren Wirkung sich – dem Kontinuitätsprinzip entsprechend – allenthalben durch den ganzen Kosmos erstreckt. Überall im Kosmos ist ein solcher Kern oder Weltmittelpunkt; denn es ist alles lückenlos mit einfachen Substanzen »angefüllt«. Insoweit Zusammengesetztes zur Erscheinung gelangt, handelt es sich um das *phaenomenon bene fundatum* der räumlich-ausgedehnten Körperwelt, deren Wirksamkeit auf der Selbsterhaltung der qualitativ verschiedenen Monaden-Individualitäten beruht. Diese Selbsterhaltung (*materia prima*) ist als Unvollkommenheit der Monaden aufzufassen; ohne die Gegenwirkung (Antitypie) dieser Unvollkommenheit wäre die Monade = Gott und der Pluralismus der unendlich vielen Monaden unmöglich. Appetition (Wollen) und Perzeption (Vorstellen) machen das Wesen jeder einzelnen Monade aus und gehen jeweils auf das Ganze des Universums: ein Streben, welches auf der Spannung zwischen der gewissermaßen »nach außen« wirkenden Repräsentationskraft und der gewissermaßen »nach innen« sich konzentrierenden Selbsterhaltungskraft beruht. Es ist jedoch ein bloßes Bild, wenn hier von »außen« und »innen« gesprochen wird; dieses Bild ist berechtigt, insofern wir dabei an die komplizierten Kreaturen (Tiere, Menschen) denken, die stets als geschlossenes Ineinander von Immateriellem und Materiellem (Körperlichem; *materia secunda*) erscheinen. An sich haben die Monaden keine Fenster; ihre Beziehung zueinander ist eine »ideale«; sie ist »real«, insofern wir an dem »Ineinander von Zusammengesetztem und qualitativ bestimmtem schlechthin Einfachem« in einseitiger Weise die Bewegungen der nach dem *principium causae efficientis* sich verhaltenden Körper ins Auge fassen. Die unkörperlichen Veränderungen vollziehen sich nach dem *principium causae*

finalis; doch ist eine Isolierung dieser idealen Sphäre von der mechanisch-realen ebenso unmöglich wie umgekehrt die Isolierung der realen Sphäre der Körper. *Leibniz ist Real-idealist.*

Da nun jede einzelne Monade jeweils auf das Ganze des Universums tendiert, müssen sich alle diese unendlich vielen Strahlkräfte notwendigerweise gegenseitig »durchdringen«. Leibniz spricht von *Aktivität*, insofern und insoweit sich die Perzeptionen klar und deutlich durchsetzen; er spricht von *Passivität*, insofern und insoweit sie verworren bleiben und von einer mächtigeren, sich deutlicher repräsentierenden Wirksamkeit gewissermaßen »überstrahlt« werden. In der Aktivität zeigt sich die Vollkommenheit eines Geschöpfs; denn »Vollkommenheit ist nichts anderes als die Größe der positiven Realität« (Lehrsatz 41). In der Passivität zeigt sich die Unvollkommenheit, die aber nicht ein (gleichfalls positives) »Übel« (*principium maleficum*) bedeutet, sondern nur die Schranke, d. i. die Abwesenheit der Vollkommenheit, gleichwie der Schatten die Abwesenheit des Lichts. Gott, der ohne Schranken das Ganze der unendlichen Monadenwelt übersieht und durchstrahlt, vermag (ebenso wie ein ihm verwandter philosophierender Geist; vgl. Lehrsatz 83) im Grunde nur Vollkommenes zu erblicken; denn jeder Passivität entspricht ja allenthalben die überstrahlende Aktivität anderer Monaden, so daß sich in der Tat überall »positive Realität« offenbart.

50. In diesem Sinn beherrscht der Mensch die »Natur« insoweit, als er klar erkennt, nach welchen Gesetzen sich das Naturgeschehen vollzieht. In seinem Verstand liegen die Gründe a priori von dem, was in der Natur vorgeht – und kraft dieser »überstrahlenden« Macht vermag er auf die Natur zu wirken.

51. Wäre die Welt nur ein Welt-Mechanismus – wie die einseitig an den körperlichen Bewegungen orientierten alten Atomisten annahmen –, so könnte man sich denken, daß

der Schöpfer seine Maschine ohne weitere Anteilnahme den mit ihr zugleich festgelegten Gesetzen entsprechend laufen ließe. Für Leibniz ist diese (»deistische«) Auffassung unmöglich. Die Monadenwelt ist nur im Hinblick auf das Zusammengesetzte ein Mechanismus; unter dem Gesichtspunkt der Einfachheit und Fensterlosigkeit einer jeden einzelnen Monade muß sie ganz anders gedacht werden. *Jede Monade* geht als *Mikrokosmos* auf das Ganze der Welt; *alle* sind lebendige Spiegel des nämlichen Universums, welches in absolut vollkommener Weise von Gott als der obersten Monade durchstrahlt und beherrscht wird. Diese göttliche Weltregierung garantiert von vornherein und immerdar (»prästabiliert« und durch beständige »Dazwischenkunft Gottes«) die *Harmonie* zwischen Tun und Leiden, zwischen positiver Wirksamkeit und notwendiger Unvollkommenheit aller einzelnen Monaden. Insbesondere garantiert sie auch die Harmonie zwischen dem Bewegungsmechanismus der Körperwelt und den immateriellen Zustandsänderungen der fensterlos perzipierenden Monaden.

52. Th. § 66 hat dies Leibniz wie folgt ausgeführt: »Insofern die Seele vollkommen ist und klare Gedanken besitzt, hat Gott den Körper der Seele angepaßt und den Körper von vornherein zur Ausführung ihrer Befehle eingerichtet. Insofern aber die Seele unvollkommen ist und ihre Perzeptionen verworren sind, hat Gott die Seele dem Körper angepaßt, so daß die Seele sich von den aus den körperlichen Vorstellungen stammenden Passionen leiten läßt. – Strenggenommen stellt ja die Seele die sie umgebenden Körper durch verworrene Gedanken vor. Dasselbe hat man unter den Handlungen der einfachen Substanzen zu verstehen. Jede wirkt auf die andere entsprechend ihrer Vollkommenheit, wenn auch nur ideal und uranfänglich, als Gott eine Substanz nach der anderen gerichtet hat und dabei der in ihnen vorhandenen Vollkommenheit oder Unvollkommenheit gefolgt ist; obwohl Handlung und Leiden der Kreaturen sich immer entsprechen, da der eine Teil der Gründe,

welche dazu dienen, das Geschehen deutlich zu entwickeln, und dazu gedient haben, ihm zur Existenz zu verhelfen, sich in der einen von diesen beiden Substanzen – und ein anderer Teil dieser Gründe sich in der anderen befindet und infolgedessen Vollkommenheiten und Unvollkommenheiten stets vermengt und verteilt sind. Darum sprechen wir der einen *Aktivität*, der anderen *Passivität* zu.«

53. Dieser Lehrsatz, sowie die beiden folgenden fußen auf Lehrsatz 43 bis 45. Th. § 335 wäre zu vergleichen.

56. Vgl. die Erläuterungen zu den Lehrsätzen 49 und 51. Pr. 3 sagt Leibniz: »Da wegen der Erfüllung der Welt alles verbunden ist und jeder Körper auf jeden anderen mehr oder weniger wirkt [...], so folgt, daß *jede Monade ein lebendiger oder mit innerer Tätigkeit begabter Spiegel ist*, der das Universum gemäß seinem Standort darstellt und ebenso geregelt ist wie das Universum selbst.«

57. Von verschiedenen »Standorten« kann natürlich nur im Hinblick auf Zusammengesetztes und Körperlichkeit (vgl. die Erläuterungen zu Lehrsatz 8) gesprochen werden, während sich die verschiedenen *»Gesichtspunkte«* schon aus der qualitativ verschieden starken Strahlkraft der Monaden-Individualitäten ergeben. Leibniz gebraucht jedesmal den Ausdruck »point de vue«, während die Übersetzungen das »Räumliche« bald mehr, bald weniger unterstreichen.

58. »Aus der höchsten Vollkommenheit Gottes folgt, daß er zur Hervorbringung des Universums den möglichst besten Plan gewählt hat, wo die *größte Mannigfaltigkeit* mit der größten Ordnung verbunden ist« (Pr. 10).

59. Diese *Hypothese*, welche Leibniz bewiesen zu nennen wagt, ist selbstverständlich die *prästabilierte Harmonie* (*système de l'harmonie préétablie*). – Über Bayle vgl. die Erläuterungen zu Lehrsatz 16.

60. »Jede Seele erkennt das Unendliche, erkennt alles, aber verworren. Wenn ich am Strande des Meeres spazierengehe und das große Geräusch höre, das es macht, so höre ich die einzelnen Geräusche jeder Welle, woraus das ganze Geräusch besteht, aber ohne sie zu unterscheiden. Ebenso sind unsere verworrenen Vorstellungen das Resultat der Eindrücke, die das ganze Universum auf uns macht. Und so verhält es sich mit jeder Monade. Gott allein hat von allem eine deutliche Erkenntnis; denn er ist die Quelle davon. Man hat sehr gut gesagt, daß er gleichsam überall Mittelpunkt ist, aber daß sein Umfang (seine Peripherie) nirgends ist, indem ihm alles unmittelbar gegenwärtig ist, ohne irgendwelche Entfernung von diesem Mittelpunkt« (Pr. 13).

Wenn Leibniz hier und ebenso in Lehrsatz 60 von *Entfernung* (»nur bei den nächsten Dingen ist die Vorstellung deutlich«) spricht, so hat er dabei wieder die Sphäre des Zusammengesetzten im Auge. Würde er mit ähnlicher Einseitigkeit an die Einfachheit und Fensterlosigkeit aller Monaden denken, so dürfte von einer verschieden großen Entfernung keine Rede sein. *In Wahrheit besteht jedoch kraft der prästabilierten Harmonie ein Ineinander von Zusammengesetztheit und qualitativ bestimmter schlechthinniger Einfachheit.* Dies kann gar nicht genug betont werden.

Zu der aus Pr. 13 angeführten Stelle ist noch zu bemerken, daß Gott von allem eine deutliche Erkenntnis hat, weil er alles hervorbrachte. Th. § 400 erklärt Leibniz ganz allgemein: »Im ganz streng metaphysischen Sinne besitzt jede Monade überhaupt nur das, was sie selbst hervorbringt.«

61. Zu dem ersten Satz (»Et les composés *symbolisent* en cela avec les simples«) bemerkt Henri Lachelier in den Anmerkungen zu seiner *Monadologie*-Ausgabe (Librairie Hachette, Paris), daß »symboliser« im 17. Jahrhundert nichts anderes bedeutet habe als »se ressembler, s'accorder«. Trotzdem konnte ich mich nicht entschließen, in meiner Übersetzung den Anklang an den Symbol-Begriff zu vermeiden, weil das lateinische Wort »symbolum« zur Zeit

von Leibniz schon im heutigen Sinne gebraucht wurde und
ich doch annehmen möchte, daß die dadurch für ihn spür-
bare besondere Färbung von »symboliser« den Philosophen
gerade dazu bestimmt hat, nicht die Worte »se ressembler«
oder »s'accorder« zu gebrauchen.

Σύμπνοια πάντα = alles webt sich zum Ganzen, alles
stimmt miteinander zusammen. – Auch in der Vorrede zu
seinen *Neuen Versuchen über den menschlichen Verstand*
bringt Leibniz dieses Zitat.

»Alles ist in den Dingen ein für allemal mit so viel wech-
selseitig entsprechender Ordnung geregelt, als möglich ist:
die höchste Weisheit und Güte kann nur mit einer vollkommenen Harmonie handeln. Die Gegenwart geht schwanger mit der Zukunft; die Zukunft läßt sich in der Vergan-
genheit lesen; das Entfernte ist in dem Nahen ausgedrückt.
Man würde die Schönheit des Universums in jeder Seele
erkennen können, wenn man alle ihre *Falten* auseinander-
breiten könnte, während sie sich in bemerkbarer Weise nur
mit der Zeit entwickeln« (Pr. 13).

62. In diesem Lehrsatz wendet sich Leibniz dem *Mikrokosmos* unseres beseelten Leibes zu, was eine gewisse Veränderung des bisherigen »point de vue« bedeutet. Doch stellt
die Seele das Körperliche durchaus nicht »mit besonderer
Deutlichkeit« vor. Im Gegenteil.

Es ist mißlich, daß die französische Sprache zur Bezeichnung des mechanisch Zusammengesetzten, das mehr oder
weniger verworren-erscheinend den sogenannten Raum erfüllt (»Körper«), und zur Bezeichnung des von der Seele
regierten organischen »Leibes« nur das eine Wort *corps* besitzt. Die Übersetzung wechselt sinngemäß, wobei *Leib* =
organisierter Körper, den die *Seele* bis zur Erkenntnis der
Beziehungszusammenhänge und aktiven Beherrschung der
Erscheinungen deutlich (weite Bezirke allerdings bleiben
auch hier nur verworren repräsentierte *res extensa*!) vorstellt. Vgl. die Erläuterung zu Lehrsatz 3.

Leibniz meint, daß jedem Menschen sein Leib in ungleich

höherem Grad eigentümlich zugehört als die außerhalb seiner erscheinende Welt, deren sinnliche Erfassung die Organe leisten – aber worauf diese unmittelbare Dienstbarkeit
des der Seele (»Zentralmonade«) untergeordneten sensitiven
Monaden-Leib-Gefüges und -Gefolges beruht, vermag er
nicht zu sagen. Das Problem ist nicht leichtzunehmen, insofern die regierende Seele im Augenblick des Sterbens vom
Leib gewissermaßen im Stich gelassen wird. Goethe allerdings scheint das gar nicht zuzugeben, sondern der Ansicht
zu sein, daß die Zentralmonade ihr dienendes Gefolge »ent-
läßt«. Vgl. auch Lehrsatz 73 und 82.

63. Die seelische Vorstellung der Welt geht organisch-leib-
haftig vor sich.

64. Eine Maschine, welche auch noch in ihren allerkleinsten
Teilen Maschine ist, erfüllt das Gesetz der Kontinuität,
d. h., sie ist als ein *bruchloses Ganzes* Maschine – und damit überhaupt kein »Mechanismus« mehr, sondern eben ein
»*Organismus*«. Ein Mechanismus besteht immer aus Teil-
stücken, die ineinandergreifen. Die in Lehrsatz 17 fingierte
Mühle war ein Mechanismus gewesen.

65. Die Behauptung, daß jedes Stück Materie (*chaque por-
tion de la matière*) nicht nur ins Unendliche *teilbar* (*divi-
sible à l'infini*), sondern auch *tatsächlich* ohne Ende in Teile
weitergeteilt ist (*sousdivisée actuellement sans fin chaque
partie en parties*), bedeutet nicht mehr und nicht weniger
als die Behauptung, daß mathematische Punkte bzw. abso-
lute Grenzen wirklich existieren. Vgl. dazu meine Erläuterung zu Lehrsatz 3. Die Dreiecksseite, an welcher ich dort
das *Ineinander von Kontinuum* (Ganzheit) und *Diskretum*
(Beziehungszusammenhang von »wahrhaften« Atomen, d. h.
schlechthin einfachen Monaden) aufgezeigt habe, enthüllt
tatsächlich (*actuellement*, d. h. insofern sie kontinuierlich
gezogen wird, wobei die Grenzen beständig im Setzen über-
schritten werden) unendlich viele mathematische Punkte:

an den »Ecken« des Dreiecks (»Anfang« und »Ende« jeder
Seite) treten sie klar hervor; sie sind aber auch innerhalb
der Geraden überall als »Grenzen« enthalten. Daß ein solcher mathematischer Punkt nicht für sich allein (d. h. außerhalb des Kontinuums und von einem solchen völlig losge-
löst) bestehen kann, spricht nicht gegen Leibniz, sondern
gerade für ihn. Denn Leibniz betont ja gleichfalls immer
wieder aufs nachdrücklichste, daß es von Körperlichkeit
(Ganzheit, Kontinuum) völlig losgelöste und abgetrennte
Monaden nicht gibt.

66. Wenn Leibniz von einer *Welt von Geschöpfen* spricht,
gebraucht er das Wort »monde«. Sagte er dagegen im vorhergegangenen Lehrsatz, daß jeder Teil der Materie die
Welt ausdrückt, so hieß es »l'univers«.

69. Vgl. Pr. 13, wo Leibniz von dem »großen Geräusch«
des Meeres spricht, in welchem wir die »einzelnen« Geräusche jeder Welle nicht zu unterscheiden vermögen. Ich habe
die Stelle in den Erläuterungen zu Lehrsatz 60 angeführt.

70. »Alles ist erfüllt in der Natur. Es gibt überall einfache
Substanzen, die – voneinander durch ihre *eigenen* Tätigkeiten wirklich getrennt – fortwährend ihre Beziehungen ändern; und jede einfache Substanz oder Monade, welche den
Mittelpunkt [*centre*] einer zusammengesetzten Substanz,
wie z. B. eines Tieres, und das *Prinzip seiner Einheit* [*principe de son unicité*] bildet, ist von einer aus unendlich vielen anderen Monaden zusammengesetzten Masse umgeben.
Diese machen den dieser *Zentralmonade* [*monade centrale*]
zugehörigen Leib aus, und nach den Zuständen [Regungen,
affections] desselben stellt sie *wie in einer Art Mittelpunkt*
[*comme dans une manière de centre*] die Außendinge vor«
(Pr. 3).

71. Pierre Bayle (vgl. die Erläuterung zu Lehrsatz 16) hatte
Leibniz in dem hier bekämpften Sinne mißverstanden.

72. »Nicht allein die Seelen, sondern auch die Tiere sind unerzeugbar und unvergänglich: sie werden nur entwickelt, zusammengefaltet, umkleidet, entkleidet, umgebildet; *die Seelen* verlassen nie ganz ihren Körper und *gehen nicht aus einem Körper in einen anderen, der ihnen ganz neu wäre, über.* Es gibt also keine Seelenwanderung (Metempsychose), wohl aber Umgestaltung (Metamorphose). Es werden nur Teile von den Tieren verändert, aufgenommen und abgelegt. Dies geschieht bei der Ernährung mit unmerklich kleinen Teilchen nach und nach, aber fortwährend. Dagegen auf einen Schlag in bemerklicher Weise, obwohl selten, bei der Empfängnis oder beim Tode, wobei vieles auf einmal angenommen oder verloren wird« (Pr. 6). – Die organischen Körper »sind ebenso unvergänglich wie die Seele, und wie die Seele, so dauert auch das Tier (das lebendige Wesen) beständig fort. Es geht hier – um mich durch ein passendes Beispiel, so lächerlich es auch ist, besser verständlich zu machen – wie mit dem Harlekin, als man ihn auf der Bühne entkleiden wollte, wobei man aber nie zu Ende gelangen konnte, weil er ich weiß nicht wieviel Kleider übereinander anhatte« (*Neue Versuche über den menschlichen Verstand*, III. Buch, 6. Kapitel, gegen Ende). Leibniz will sagen: nie bleibt die »reine«, körperlose »Monade an sich« übrig; es entpuppt sich immer wieder aufs neue ein »leibhaftiges« Wesen.

74. Leibniz beruft sich hier auf die sogenannte *Präformationstheorie*, und zwar in der Form, welche ihr A. van Leeuwenhoek (1632–1723), der Entdecker der Spermatozoen und der Infusionstierchen, gegeben hatte. Leeuwenhoek nahm eine Vorbildung des künftigen Organismus mit allen seinen Teilen im Spermatozoon an. Vgl. Th. § 91: »Ich glaube, daß die Seelen dazu berufen waren, eines Tages Mensch zu werden, gleich den Seelen jeder anderen Art im Samen und in den Vorfahren [...] und so seit Beginn der Welt immer in einer Art organischem Körper existiert haben. Diese Lehre wird auch durch die mikroskopischen

Beobachtungen des Herrn Leeuwenhoek und anderer scharfer Beobachter gestützt.«

76. Über den Gebrauch der Begriffe a priori und a posteriori vgl. die Erläuterung zu Lehrsatz 45.

78. Hier macht Leibniz die spezielle Anwendung seiner Lehre von der prästabilierten Harmonie auf das *Leib-Seele-Problem*. Er knüpft dabei an die gang und gäben Vorstellungen an, insofern er einfach von »der« Seele und »dem« Leibe spricht. In Wahrheit stellt unser »beseelter Leib« selbstverständlich eine Monadenwelt dar, die nicht anders durch prästabilierte Harmonie geordnet ist als das Universum überhaupt, das ja auch von jeder einzelnen Monade unseres »beseelten Leibes« – am deutlichsten allerdings von der Zentralmonade (herrschenden Monade, Entelechie) – in lebendiger Weise gespiegelt wird.

79. »Es gibt eine vollkommene Harmonie zwischen den Vorstellungen der Monade und den Bewegungen der Körper, die von Anfang an zwischen dem *System der wirkenden Ursachen* und dem *System der Finalgründe* (Endursachen) aufgerichtet ist. Hierin besteht die Übereinstimmung und die physische Union von Leib und Seele, ohne welche eins die Gesetze des andern würde ändern können« (Pr. 3). Vgl. meine Erläuterungen zu Lehrsatz 36.

80. »Die höchste Weisheit hat Gott vor allem die besteingerichteten und für abstrakte oder metaphysische Gründe passendsten *Gesetze der Bewegung* wählen lassen. *Es erhält sich* danach dieselbe Quantität der totalen und absoluten Kraft oder der wirkenden Tätigkeit, dieselbe Quantität der respektiven Kraft oder der Rückwirkung, endlich *dieselbe Quantität der direktiven Kraft.* Ferner ist die wirkende Tätigkeit immer gleich der rückwirkenden, und die ganze Wirkung ist immer äquivalent mit ihrer vollen Ursache« (Pr. 11). – Descartes hatte die von Leibniz durch das Gesetz von der Erhaltung der nämlichen Gesamtrichtung er-

ledigte falsche Ansicht in seiner *Abhandlung über die Leidenschaften der Seele*, Teil I, Artikel 41, vorgetragen.
Ebenso wie die sensitiven Monaden der Spermatozoen bei der Befruchtung auf eine höhere Stufe gehoben werden, sinkt der Sinnenleib beim Sterben auf eine tiefere Stufe hinab. Er »diente« der Seele und gelangte dadurch zu höherer Würde; hört die Identifikation mit der individuellgeistigen Seele auf, so folgt er wieder der Notwendigkeit seiner eigenen, weitgehend passiv-bewegten Natur. Vgl. die Erläuterung zu Lehrsatz 62, wo mir das Problem des dienenden Monadengefüges bzw. des »mit besonderer Deutlichkeit« vorgestellten eigenen Leibes noch nicht völlig geklärt scheint.

83. Von den Unterschieden zwischen den gewöhnlichen Seelen und den Geistern hatte Leibniz schon Lehrsatz 29 ff. gesprochen. Nun weist er darauf hin, daß nur den Geistern *schöpferische Fähigkeit* zukommt. »Der Geist ist nicht bloß ein Spiegel der Kreaturenwelt [d. h. des Geschaffenen], sondern auch ein Abbild der Gottheit [d. h. des Schöpfers]. Der Geist vermag die Werke Gottes nicht nur zu *perzipieren*, sondern er ist sogar fähig, etwas ihnen Ähnliches, obzwar nur im Kleinen, zu *produzieren*. Denn – um nichts von den Wundern der Träume zu sagen, wo wir ohne Mühe, und selbst ohne den Willen dazu zu haben, Dinge *erfinden*, auf die man lange Zeit denken müßte, um im Wachen darauf zu kommen – so ist außerdem unsere vernünftige Seele [d. h. unser Geist] in den freien Handlungen *architektonisch*, und indem sie die Wissenschaften *entdeckt*, nach denen Gott die Dinge (nach Gewicht, Maß, Zahl usw.) geregelt hat, ahmt sie in ihrem Bereich und in ihrer kleinen Welt [*petit monde*], wo es ihr verstattet ist, sich zu üben, das nach, was Gott im Großen getan hat« (Pr. 14).

86. Hier wird deutlich, warum Leibniz die für den Prinzen Eugen verfaßte Parallel-Abhandlung zu unserer Schrift *Prinzipien der Natur und der Gnade* betitelt hat.

90. Obwohl das letzte Wort unserer Schrift »Glück« (*bonheur*) lautet, huldigt Leibniz doch keineswegs dem Ideal einer tatenlosen Seligkeit. Seine Weltanschauung ist vielmehr von einem *faustischen Streben* getragen, das niemals völlig zum Ziel gelangen kann. Im Schlußabschnitt der *Prinzipien der Natur und der Gnade* kommt dies aufs deutlichste zum Ausdruck. Er lautet:

»Man kann sagen, daß die Liebe Gottes uns schon jetzt einen Vorgeschmack von der künftigen Seligkeit gibt. Und obwohl diese Liebe uninteressiert ist, so macht sie doch durch sich selbst unser größtes Gut und Interesse aus, selbst wenn man es nicht in ihr suchte und nur das Vergnügen betrachtete, das sie uns macht, ohne auf den Nutzen, den sie bringt, Rücksicht zu nehmen. Denn sie gibt uns ein vollkommenes Vertrauen in die Güte unseres Schöpfers und Herrn.

Das bringt eine wahrhafte Ruhe des Geistes hervor, nicht wie bei den Stoikern, die zu einer Geduld mit Gewalt entschlossen waren, sondern durch eine gegenwärtige Zufriedenheit, die uns auch des künftigen Glückes versichert.

Aber freilich kann die höchste Seligkeit, von was immer für einem beseligenden Schauen oder Erkennen Gottes sie begleitet sein mag, niemals vollständig sein, weil Gott unendlich ist und nicht ganz erkannt werden kann.

So wird unser Glück niemals in einem vollen Genuß bestehen, wo es nichts weiter zu wünschen gäbe und unser Geist stumpf gemacht würde. Und es soll auch nicht darin bestehen, sondern in einem immerwährenden Fortschritt zu neuen Vergnügen und zu neuen Vollkommenheiten.«

Philosophie
des 16. bis 18. Jahrhunderts

Francis Bacon, Essays oder praktische und moralische Ratschläge. Übers. von E. Schücking. Hrsg. von L. L. Schücking. 8358 [3]

Jean Bodin, Über den Staat. Ausw., Übers. und Nachw. von G. Niedhart. 9812 [2]

Giordano Bruno, Über die Ursache, das Prinzip und das Eine. Übers. von Ph. Rippel. Nachw. von A. Schmidt. 5113 [2]

René Descartes, Abhandlung über die Methode des richtigen Vernunftgebrauchs und der wissenschaftlichen Wahrheitsforschung. Übertr. von K. Fischer. Ern. und mit einem Nachw. vers. von H. Glockner. 3767 – Meditationes de Prima Philosophia / Meditationen über die Erste Philosophie. Lat. / Dt. Übers. und hrsg. von G. Schmidt. 2888 [3]

Friedrich der Große, Das Politische Testament von 1752. Aus dem Frz. übertr. von F. v. Oppeln-Bronikowski. Mit einem Nachw. von E. Most. 9723 [3]

Friedrich der Große und die Philosophie. Texte und Dokumente. Mit einem einleitenden Essay hrsg. von B. Taureck. 3772 [2]

Balthasar Gracian, Handorakel und Kunst der Weltklugheit. Übers. von A. Schopenhauer. Mit einem Nachw. von A. Hübscher. 2771 [2]

Thomas Hobbes, Leviathan. Erster und zweiter Teil. Übers. von J. P. Mayer. Nachw. von M. Diesselhorst. 8348 [4]

David Hume, Dialoge über natürliche Religion. Übers. und hrsg. von N. Hoerster. 7692 [2] – Eine Untersuchung über den menschlichen Verstand. Übers. und hrsg. von H. Herring. 5489 [3] – Eine Untersuchung über die Prinzipien der Moral. Übers. und hrsg. von G. Streminger. 8231 [4]

Francis Hutcheson, Erläuterungen zum moralischen Sinn. Übers. und hrsg. von J. Buhl. 8024 [2]

Immanuel Kant, Anthropologie in pragmatischer Hinsicht. Hrsg. und eingel. von W. Becker. Mit einem Nachw. von Hans Ebeling. 7541 [4] – Grundlegung zur Metaphysik der Sitten. Hrsg. von Th. Valentiner. Mit einer Einl. hrsg. von H. Ebeling. 4507 [2]

– Kritik der praktischen Vernunft. Hrsg. von J. Kopper. 1111 [3]
– Kritik der reinen Vernunft. Hrsg. von I. Heidemann. 6461 [9]
– Kritik der Urteilskraft. Hrsg. von G. Lehmann. 1026 [7] –
Prolegomena zu einer jeden künftigen Metaphysik, die als Wissenschaft wird auftreten können. Hrsg. von R. Malter. 2468 [3] –
Die Religion innerhalb der Grenzen der bloßen Vernunft. Hrsg.
von R. Malter. 1231 [4] – Schriften zur Geschichtsphilosophie.
Mit einer Einl. hrsg. von M. Riedel. 9694 [3] – Träume eines
Geistersehers, erläutert durch Träume der Metaphysik. Textkrit.
hrsg. von R. Malter. 1320 [2] – Zum ewigen Frieden. Ein philosophischer Entwurf. Hrsg. von R. Malter. 1501

Kant, Erhard, Hamann, Herder, Lessing, Mendelssohn, Riem, Schiller, Wieland, Was ist Aufklärung? Thesen und Definitionen.
Hrsg. von E. Bahr. 9714

Gottfried Wilhelm Leibniz, Fünf Schriften zur Logik und Metaphysik. Übers. und hrsg. von H. Herring. 1898 – Monadologie.
Übers., eingel. und erl. von H. Glockner. 7853

John Locke, Gedanken über Erziehung. Übers., Anm. und Nachw.
von H. Wohlers. 6147 [4] – Über die Regierung. Übers. von
D. Tidow. Mit einem Nachw. hrsg. von P. C. Mayer-Tasch.
9691 [3]

Michel de Montaigne, Die Essais. Ausgew., übertr. und eingel. von
A. Franz. 8308 [5]

Montesquieu, Vom Geist der Gesetze. Eingel., ausgew. und übers.
von K. Weigand. 8953 [6]

Thomas Morus, Utopia. Übertr. von G. Ritter. Mit einem Nachw.
von E. Jäckel. 513 [2]

Blaise Pascal, Gedanken. Ausw. Übers., hrsg. und eingel. von
E. Wasmuth. 1621 [2]

Jean-Jacques Rousseau, Emile oder Über die Erziehung. Hrsg.,
eingel. und mit Anm. vers. von M. Rang. 901 [10] – Vom Gesellschaftsvertrag oder Grundsätze des Staatsrechts. In Zsarb. mit
E. Pietzcker neu übers. und hrsg. von H. Brockard. 1769 [3]

Spinoza, Die Ethik. Lat./Dt. Rev. Übers. von J. Stern. Nachw. von
B. Lakebrink. 851 [9]

Philipp Reclam jun. Stuttgart